Jacques Gaillot, Alice Gombault, Pierre de Locht

Ein Katechismus, der Freiheit atmet

Jacques Gaillot
Alice Gombault
Pierre de Locht

Ein Katechismus, der Freiheit atmet

Edition K. Haller

Französische Ausgabe
Un Catéchisme au goût de liberté
Éditions Ramsay, Paris 2003

Mit besonderem Dank an Moritz Oggier für seine Übersetzungsarbeiten zum Buch und für die langjährige Mitarbeit auch bei Partenia im Internet.

Umschlaggestaltung: Edition K. Haller
Umschlaggrafik: Katharina Haller
Satz & Produktion: Tatiana Wagenbach-Stephan, Die Buchherstellung, Zürich
Druck und Bindung: Ebner & Spiegel, Ulm
Papier: chlorfrei gebleicht
ISBN 3-905585-04-9

www.partenia.org/edition-khaller

Die Menschlichkeit ist nämlich dort, auf der Straße.
Das Herz des Volkes Gottes schlägt dicht über dem Straßenpflaster,
und das Evangelium drängt die Menschen, unaufhörlich
«hinauszugehen…».

Jacques Gaillot

Inhalt

III Orientierungshilfen zum Leben

IV Glaubens-Klärung

Jacques Gaillot, geboren 1935, von 1957 bis 1959 als Wehrpflichtiger im Algerienkrieg. 1961wurde er zum Priester geweiht und war von 1982 bis 1995 Bischof von Evreux in der Normandie. Jacques Gaillots Treue zum Evangelium kommt vor allem in seiner Sorge um die Armen und Randständigen zum Ausdruck, auch in seiner Kompromißlosigkeit und dem Willen, der Gerechtigkeit und dem Frieden zum Durchbruch zu verhelfen. Die Überzeugung, daß Jesus der Menschheit gehört und nicht allein der Christenheit, daß die verlorenen Schafe es wert sind, daß man, um sie zu suchen, die anderen zurückläßt. Seine offene und liberale Haltung in kirchlichen, aber auch in politischen Belangen störte die Harmonie zwischen Kirche und Staat. 1995 wurde er vom Papst als Titularbischof von Partenia «in die Wüste» geschickt. Ein ehemaliges Bistum in der Hochebene von Sétif in Algerien. Seit dem 5. Jahrhundert verschwunden, wird dieses Bistum zum Symbol für all jene, die in der Gesellschaft und in der Kirche das Gefühl haben, nicht zu existieren. Jacques Gaillot ist Bischof *«auf eine andere Art»*. Mit Leidenschaft trägt er das Evangelium aus den Mauern hinaus. Er arbeitet in Paris mit den Ausländern zusammen, die nicht im Besitz gültiger Aufenthaltspapiere sind, mit obdachlosen Familien, mit jungen Arbeitslosen. Partenia, Diözese ohne Grenzen, wird zum Hort der Freiheit für die *«-losen»*. Sein Ordinariat führt er im Internet: www.partenia.org. Partenia im Internet ist ein Gesprächsforum für alle Menschen in und außerhalb der Kirchen.

Alice Gombault (abgeschlossenes Rechts- und Theologiestudium, Weiterbildung in Religionswissenschaften) hat zwanzig Jahre lang am *Institut supérieur de pastorale catéchétique* am *Institut catholique de Paris* unterrichtet. Sie ist Chefredaktorin der Zeitschrift *Les Réseaux des parvis.*

Pierre de Locht, katholischer Priester, Doktor der Theologie und ehemals Dozent an der katholischen Universität von Löwen, hat mehrere Artikel und Werke veröffentlicht, davon in letzter Zeit: *La Foi décantée* (1998), *Oser être chrétien aujourd'hui* (2000), *Et si j'étais nommé évêque* (2002).

Einleitung

Nachdem Jacques Gaillot Bischof des virtuellen Bistums von Partenia geworden war, schlugen ihm einige seiner Freunde vor, für seine zukünftige Tätigkeit das Internet zu benutzen. Der römischen Ernennung entsprach ja ein Medium ohne Grenzen. Und so entstand im Januar 1996 die Partenia-Homepage. Internet-Surfer aus den verschiedensten Ländern meldeten sich mit ihren Fragen und Anliegen.

Um diesen Anfragen gerecht zu werden, wurde ein Team gebildet, das sich der Aufgabe widmete, mit Hilfe wechselnder kompetenter Berater einen «elektronischen Katechismus» zu starten. Es schien ein vielversprechendes Abenteuer zu sein. Es begann am 13. Januar 1997 und sollte vier Jahre dauern.

Wir haben eine Arbeitsgruppe gebildet – Männer und Frauen mit ganz verschiedenem Hintergrund und dem Wunsch, die Fragen offen zu diskutieren. Unter dem Titel «Der elektronische Katechismus» haben wir, von einem Stichwort ausgehend, Überlegungen angestellt über ein aktuelles Thema oder auch mehrere aktuelle Themen, die die Gesellschaft oder die Kirche betrafen. Die erhaltenen Reaktionen führten dazu, daß unser Gesichtswinkel erweitert wurde. Es handelt sich natürlich um ein langfristiges Projekt, wenn es denn überhaupt ein Ende geben kann. Blicken wir also in die Zukunft.

Die via Internet ohne vorgegebenen Plan gesandten Texte stießen auf wirkliches Interesse. Und als wir uns daran machten, sie zusammenzufassen, um daraus ein Buch zu machen, stellten wir bald einmal verschiedene Mängel fest, einiges fehlte, anderes genügte nicht. Und es ist gut so! Wir finden, daß diese Texte nützliche Ansätze zu einem tieferen Verständnis des Glaubens sind, ein Verständnis, das – glücklicherweise – immer ungenügend sein wird. Verstehen, was für einen Platz Gott in unserem Leben einnimmt, das wird immer Gegenstand einer unermüdlichen Suche sein.

Die hier vereinigten Texte sind nicht starre Aussagen über das, was man glauben sollte, sondern lebendiger Ausdruck des Glaubens, der ständig im Umbruch ist. Für uns war es ein äußerst bereicherndes Teamwork, durch das jeder einzelne ermuntert wurde, die Suche fortzusetzen und die theologischen Überlegungen zu vertiefen. Die Befreiung ist nie zu Ende! Immer in der Hoffnung, dem Leser etwas mitzugeben auf seinen Weg, ihn aufzumuntern und zu stärken.

Katechismus!

Das Wort «Katechismus» ruft bei zahlreichen Christen eine ablehnende Reaktion hervor. Das kennen wir zur Genüge: die Handbücher, in denen eine «Autorität» Fragen stellt, die nicht die unsern sind, um uns gleich auch ihre Antwort aufzuzwingen. Diese Indoktrination war oft auch ausschlaggebend beim Entscheid vieler Katholiken, ihren Glauben aufzugeben. Für ihre Kinder haben sie das abgelehnt.

Trotzdem verbinden sich mit diesem Wort auch Erwartungen: Man will die Haltungen der Kirchen kennen. Aber man erhofft sich nicht Definitionen, sondern einen Sinn. Einen Sinn für die Männer und Frauen von heute, ihrer Erfahrung entsprechend. Einen Sinn, der es möglich macht, anders zu leben, im Vertrauen. Einen Sinn, der eine Neuorientierung erlaubt in bezug auf die Welt, die andern und… Gott. Dank dem Internet konnten wir einen anderen Katechismus vorlegen.

Das Wort «Katechismus» bewirkt verschiedenartige Reaktionen. Bei einigen weckt es negative Erinnerungen, andere hoffen, vor allem wegen der Verwendung des Adjektivs «elektronisch», auf eine Erneuerung. Im Ausdruck «Katechismus», der aus dem Griechischen (*katechein* = entgegentönen, belehren) stammt, steckt das Wort «Echo». Und dies war auch die Absicht des elektronischen Katechismus: Jesu Echo zu sein im heutigen Leben und im aktuellen kulturellen Umfeld.

Man kann den Ursprung des Christentums mit dem von der

modernen Physik angenommenen Urknall vergleichen: Am Anfang soll eine Explosion stattgefunden haben, von der unser Universum ein gewaltiges Echo ist. Jesus hat bei denen, die sich ihm zugewandt haben, dieses gewaltige Echo ausgelöst. Gewiß träumten und träumen die Menschen immer von einer anderen Welt, aber gleichzeitig haben sie Angst davor.

Es hat viel Zeit gebraucht und viele bittere Erfahrungen, bis die Jünger gänzlich verstanden haben, was Jesus ihnen sagen wollte. Er selbst wußte, zu welch tiefgreifenden Veränderungen er sie berufen hatte; er sagte, er müsse sie verlassen, damit «der Geist» kommen könne, der sie alles lehren würde.

Nach Jesu Tod fallen die falschen Erwartungen wie Kartenhäuser in sich zusammen. Aber entsteht da nicht gleichzeitig eine neue Welt? Der auferstandene Jesus sendet den versprochenen Geist. Jesu Jünger stehen mit ihm im Einklang und können seine Botschaft weitertragen, seine Lehre verbreiten. Am Anfang denkt niemand daran, sie schriftlich niederzulegen. Jesus selbst hat übrigens keine Schriften hinterlassen. Einige Jahrzehnte später schreibt Paulus, der Bekehrte, an die erste Gemeinde von Korinth: «Ihr selbst seid unser Empfehlungsbrief! Er ist in unsere Herzen geschrieben [...] Ihr seid unser Brief von Christus, ausgefertigt durch unseren Dienst. Dieser Brief ist nicht mit Tinte geschrieben, sondern mit dem Geist des lebendigen Gottes» (2 Kor 3,3). Das ist die lebendige Tradition. Lukas schreibt an Theophilus: «So habe auch ich mich dazu entschlossen, all diesen Überlieferungen bis hin zu den ersten Anfängen sorgfältig nachzugehen und sie für dich niederzuschreiben, damit du die Zuverlässigkeit der Katechese erkennst, die dir zuteil wurde» (Lk 1,3–4).

Vom 5. Jahrhundert an werden Katechesen ausgearbeitet für diejenigen, die sich auf die Taufe vorbereiten.

Die Katechismen in ihrer heutigen Form tauchten erstmals nach der Erfindung der Buchdruckerkunst auf und gehen auf eine Initiative Luthers zurück. 1529 veröffentlichte er einen *Kleinen* und einen *Großen Katechismus.* Calvin gab im Jahre 1541 den *Catéchisme de Genève* heraus. Der *Catechismus Romanus* wurde 1566 herausgegeben.

Die Katechismen sind Lehrbücher, die je nach christlicher Konfession, Land oder Diözese leicht voneinander abweichen. Zum Beispiel: der *Catéchisme pour adultes. L'Alliance de Dieu avec les hommes* («Katechismus für Erwachsene. Gottes Bund mit den Menschen») der französischen Bischöfe von 1991 und der *Catéchisme de l'église catholique* («Katechismus der katholischen Kirche») von 1992.

Wichtig ist immer das Echo, hervorgerufen durch den Geist Jesu.

Die Reihenfolge der hier vorgestellten Katechismus-Texte entspricht nicht der herkömmlichen Einteilung der Dogmen und zu glaubenden Wahrheiten, aber dem liegt keineswegs der Wunsch zugrunde, originell zu wirken.

Bis vor kurzem lebten viele Christen in einer genügend homogenen Umgebung, in der die christlichen Glaubenssätze selbstverständlich waren. In der Glaubenslehre begann man ganz natürlich mit Gott, um dann zur Schöpfung überzugehen, zu den Sakramenten und christlichen Feiertagen und schließlich zum Menschen und seinen täglichen Verpflichtungen.

Die Aussagen über Gott, die Schöpfung und die Person Jesu Christi sind heute für viele Leute, besonders für die jungen Generationen, keine Selbstverständlichkeiten mehr. Der Ausgangspunkt ist nun der Mensch; ausgehend von den alltäglichen Gegebenheiten der Frauen und Männer von heute stellt man die Fragen nach dem Sinn des Lebens und nach einer eventuellen transzendenten Gegenwart inmitten der menschlichen Existenz. Und so beginnt das menschliche Abenteuer auf dem Weg zur Bewußtwerdung und zur Entdeckung Gottes eher im realen Alltag, auf der Straße, wo alle heutigen Realitäten zusammentreffen.

Dies erklärt auch das auf den ersten Blick etwas zusammenhanglose Vorgehen. Es entspricht auch dem Wunsch, dem Leser nicht ein fertiges Gebilde vorzusetzen, das ihn zur Passivität verurteilt. Es ist gut, wenn jeder und jede genügend Raum für eigene Überlegungen hat, die Freiheit, die Suche nach eigenen Bedürfnissen anzugehen.

Jacques Gaillot
Alice Gombault
Pierre de Locht

I Existenznotwendige Beziehung

Von seiner lateinischen Herkunft her kann das Wort «Religion» den Sinn von «(Zurück)bindung» haben. Religion hat den Zweck, den Kontakt zwischen dem Menschen und dem Heiligen sicherzustellen. Im Christentum sind die Beziehung zum Mitmenschen und die Beziehung zu Gott eng miteinander verbunden. Eine Beziehung zu Gott ohne Beziehung zum Mitmenschen ist nicht möglich. Diese kommt zuerst, denn sie ist unverzichtbar für die eigene Existenz. Ich werde ich, weil ich den andern begegne. Ein Mann, eine Frau werden – der Weg dahin ist lang und schwierig. Das ist nie schon von Geburt an gegeben.

Von der Wiege bis zur Todesstunde entsteht das Leben und der Sinn, den es erhält, nur durch die Kommunikation mit anderen. Wir müssen uns der menschlichen Dichte dieser allerersten Erfahrung bewußt werden und gewahr werden, wie sehr sie für uns selbst und andere kreativ und lebenspendend ist.

Deshalb geht der erste Text dieses Katechismus – und das ist ungewohnt im Vergleich zu den herkömmlichen Katechismen – mehr von Erfahrungen und von Orten aus, wo sich die heutige Wirklichkeit kristallisiert, zum Beispiel von der Straße. Wieso die Straße? Weil gerade dort alle möglichen Begegnungen stattfinden. Auf die Straße gehen, das bedeutet seine vier Wände verlassen, um die anderen zu treffen.

Alles, was sich einer echten Beziehung widersetzt, führt zu einer Verarmung des Menschen und schließlich zu seiner Zerstörung. Das ist der Fall bei der Angst vor dem andern, wie sie im Rassismus zum Ausdruck kommt, oder bei der Intoleranz, die sich bis zur Ausgrenzung steigern kann. Die Versuchung, unter sich zu bleiben, unter Leuten, die die gleichen Ideen haben und die gleiche Sprache sprechen, ist groß.

Aber die biblische Erzählung des Turms zu Babel lehrt uns, daß wir uns nicht einschließen dürfen, daß es eine Öffnung braucht.

Um die Beziehung zu fördern und auszubauen, ist es nötig, daß ein Klima des Friedens herrscht, der auf der Gerechtigkeit gründet, daß die Treue in all ihren Dimensionen hochgehalten wird, daß die Sexualität, der Ort einer intimen Beziehung, auf erfüllende Art gelebt wird. Ist nicht Gott selbst Beziehung?

Wie viele Schwierigkeiten gibt es doch auf dem Weg der Beziehung zum Mitmenschen! Durch das Verzeihen und die geschwisterliche Liebe können diese Schwierigkeiten mal besser, mal weniger gut bewältigt werden. Dieser Weg endet erst mit dem Tod – und bei einigen mit dem Verlust der Freude am Leben, der oft auf Einsamkeit zurückzuführen ist. In diesem allerletzten Abenteuer bleibt uns nur noch, Vertrauen zu haben, wie ein Kind, und vielleicht werden wir dann die Kommunikation in ihrer ganzen Fülle erleben?

Auf die Straße gehen

Die Straße ist eine Trommel, deren Rollen und Dröhnen alle Freuden und das ganze Unglück der Menschen ausdrückt. Die Straße, *der* Ort der Gleichheit aller, ohne Abtrennungen durch Grenzlinien, wo aber wie nirgends sonst die himmelschreiendsten Ungleichheiten zutage treten. Da findet das wahre Leben statt, da spiegelt sich die ganze menschliche Gesellschaft wider. Denn dort werden Zorn und Verzweiflung zum Ausdruck gebracht, dort wandelt sich das Leiden zur Revolte. Auf der Straße wird die Ungerechtigkeit angeprangert, das Unverständnis; hier versammeln, vereinen sich die Leute, hier entsteht Widerstand. Auf der Straße kommen die Unterdrückten, die Ausgeschlossenen und Im-Stich-Gelassenen zusammen, um sich Luft zu machen. Traurigkeit und Wut…? Nicht bloß das… In diesem kochenden Kessel brodeln auch Ideen der Freiheit, der Gerechtigkeit und Brüderlichkeit. Dort, in den Straßenschluchten, zwischen den Mauern des Komforts, des Egoismus und der Angst, findet man die Menschen, die sich weigern, unter dem Vorwand irgendeiner sozio-ökonomischen Fatalität den Kopf einzuziehen, diejenigen, die nicht an die Imperative einer notgedrungen unmenschlich gewordenen Welt glauben.

Die Menschlichkeit ist nämlich dort, auf der Straße. Das Herz des Volkes Gottes schlägt dicht über dem Straßenpflaster, und das Evangelium drängt die Menschen, unaufhörlich «hinauszugehen» und sich den chaotischen Vorstößen einer stets im Wandel begriffenen Gesellschaft zu stellen. Wenn wir dies alles ignorieren, auf unserem Balkon sitzen bleiben, uns weigern, am Leben teilzunehmen, das zu unseren Füßen pulsiert, dann ist es, als ob wir in einen zerbrochenen Spiegel schauen würden. Was man dort sieht, ist ein verfälschtes, bruchstückhaftes Bild der Wirklichkeit und der Zukunft.

Zum Glück gibt es Christen, die es riskieren, auf direkte, sogar brutale Art an den schmerzvollen und fröhlichen Anlässen, an den Tragödien und Freudenfesten dieser Welt teilzuhaben. Sie gehen auf die Straße, um das Wagnis der Solidarität einzugehen. Sie freuen sich darüber, daß Gott sich auf der Straße kundtut.

Die Angst vor dem andern: der Rassismus

Der andere macht mir angst; es ist, als würde er eine irritierende Maske tragen – *das* ist Rassismus. Ich lehne seine Hautfarbe ab, seinen Lebensstil, seine Religion, seine Überzeugungen und Entscheide. Diese Unterschiede stellen für mich eine Aggression dar. Sie werden von mir als Bedrohung empfunden. Im anderen erblicke ich ein Bild, das ich nur schwer ertragen kann, denn es erschüttert meine Gewißheiten. Dieses Bild stellt meine Identität in Frage, meine Rechte. Die Furcht vor dem andern zieht seine Ablehnung nach sich.

Der Rassismus schlummert in jedem von uns. Er verschwindet nie. Glauben wir ja nicht, es gebe ihn nur bei anderen! Ein geringfügiger Anlaß genügt, und er erwacht wieder zum Leben und nimmt ein Ausmaß an, das uns überrascht. So zum Beispiel, wenn die Gesellschaft den Menschen das Leben schwer macht, indem sie sie wirtschaftlich und sozial ausschließt.

Die Ausländer, in Frankreich besonders die Maghrebiner und Afrikaner, werden diskriminiert. Eine Arbeit oder eine Wohnung zu bekommen ist für sie schwieriger. Wenn man Mamadou oder Mohamed heißt, muß man sich öfter auf Identitätskontrollen gefaßt machen. Es kommt vor, daß junge Leute, denen man die Herkunft gleich ansieht, am Eingang der Diskotheken zurückgewiesen werden.

Die Fahrenden haben unter immer zahlreicheren und schwerwiegenderen Diskriminierungen zu leiden. Sie leben in Angst, weil sie sich in ihrer Existenz bedroht fühlen. Wohin sie auch gehen mögen, sie sind überflüssig und überall unerwünscht. Man will sie zur Integration zwingen, wo es doch ihre Bestimmung ist, nirgends seßhaft zu werden. Wir sollten ja nicht denken, die Ablehnung der Zigeuner gehe uns nichts an. Seien wir auf der Hut, wenn das Gesetz die schwächsten Glieder der Gesellschaft kriminalisiert. Morgen könnten wir an der Reihe sein!

Man merkt auch, daß der Antisemitismus nicht tot ist. Er ist wie ein Schwelbrand, der aus verschiedenen Gründen immer wieder aufflackert. Die israelische Repression in den besetzten Gebieten schürt bei arabischen Völkern und zum Teil auch bei uns den Antisemitismus.

Wo Menschen ausgegrenzt werden, findet der Rassismus einen guten Nährboden vor. Wenn die Rechte der Menschen mit Füßen getreten werden, wird es für sie schwierig, den andern zu achten. Da kommt die Sündenbock-Logik zum Tragen. So wird in Zeiten, wo Arbeitslosigkeit herrscht, der Ausländer selbstverständlich beschuldigt, uns die Stelle wegzunehmen. Deshalb ist es nötig, den Kampf gegen den Rassismus mit dem Kampf gegen den Ausschluß zu verknüpfen. Man kämpft gegen den Rassismus und gegen das System, das ihn hervorbringt.

Heute wird der Rassismus banalisiert. Man entschuldigt sich nicht mehr dafür, daß man rassistische Reaktionen hat, und es ist nicht schwer zu erklären, warum man so geworden ist.

So gelangt man an die Schulen, die Vereinigungen, die Religionen… und erwartet, daß sie ihrer Rolle gerecht werden. Nicht nur im Zusammenleben, das sie praktizieren, sondern auch dadurch, daß man sich bewußt wird, daß man, bevor man einem Land, einer

Kultur oder einer Religion angehört, zuerst einfach Bürger dieser Welt ist. Bevor wir Nord- oder Südländer sind, sind wir Bewohner dieses Planeten. Bevor wir schwarz oder weiß, Mann oder Frau sind, sind wir menschliche Wesen. Bevor wir Probleme sind, sind wir Personen.

Es gibt etwas, dessen wir noch bewußt werden müssen, und für unser Leben wird dies nicht ohne Folgen bleiben: Indem ich den andern ausschließe, schließe ich etwas von mir selber aus. Wie kann ich den andern annehmen, wenn ich mich selbst nicht annehme?

Sich der Toleranz öffnen

Alle Umfragen bestätigen es: Der Stellenwert der Toleranz wird immer höher. Man befürwortet sie, hält sie für unerläßlich für das Zusammenleben. Fast 80 Prozent der befragten Personen sind mit dem Grundsatz «die andern achten, ungeachtet ihrer Herkunft» einverstanden.

Was uns nicht daran hindert, manchmal intolerant zu sein. Oft sind wir auch mit intoleranten Leuten konfrontiert, die trotz der zur Schau gestellten Härte und Unerbittlichkeit im Grunde genommen sehr zerbrechlich sind; es ist die Zerbrechlichkeit des Menschen, der sich und seine eigene Existenz in Gefahr sieht, wenn er dem andern erlaubt, er selbst zu sein. Seine Logik ist die Logik der Exklusivität: Er oder ich, aber nicht beide. Man wird sich dessen bewußt, wenn Themen angeschnitten werden, die «ärgerlich» sind: die Fremden, der Krieg, die Todesstrafe… Es geht um verschiedene Wertvorstellungen und vor allem um ein anderes Weltbild, das mit meinem nicht vereinbar ist.

Das Bild, das sich jemand von der Welt macht, wird bestimmt durch das eigene kulturelle Umfeld, durch persönliche und kollektive Erfahrungen. Die Welt, in der man lebt, erhält dadurch Sinn und Kohärenz. Die Gefahr, darin die Wahrheit schlechthin zu sehen, ist groß, denn oft hält man das Welt-Bild für die Welt-Wirklichkeit. Als Kolumbus Amerika entdeckte, war es für ihn selbstverständlich, daß die Zivilisation, die er vertrat, den andern überlegen war und daß der weiße Mann dazu berufen war, die Farbigen zu beherrschen.

Wenn dieses Weltbild durch die Ideologien, besonders durch die religiösen Ideologien, bestätigt, verabsolutiert, ja sogar sakralisiert wird, dann wird es zu einer objektiven, eindeutigen Tatsache. Wie kann Eindeutiges in Frage gestellt werden? Der Neue mit seinem anderen Standpunkt kann nur im Irrtum sein. Entweder beugt er sich der allgemeinen Sicht der Dinge, oder er muß verschwinden, denn seine Gegenwart bedroht die eigene und die gemeinsame Identität. Diese Haltung war der Ursprung der Kreuzfahrten, der gewaltsamen Bekehrungen, es ist der Geist des Fundamentalismus, eine Mentalität, die bis zum Völkermord führen kann. Die öffentliche Meinung sieht zwar heute meistens ein, daß Intoleranz unannehmbar ist, aber das fragile Bewußtsein der eigenen Identität wird immer wirksam sein und versuchen, dem andern seine eigene Weltanschauung, seine eigenen Bräuche, seine Religion und seinen Gott aufzuzwingen.

Die Vermischung der Völker nimmt indessen ein immer größeres Ausmaß an, und durch den zunehmenden kulturellen und religiösen Pluralismus wird jegliche Abkapselung hinfällig. Eine andere Haltung ist aber möglich: Man kann sich der Toleranz öffnen.

Toleranz bedeutet nicht Gleichgültigkeit und Gewährenlassen. Sie ist die Fähigkeit, sich von der Verschiedenheit des andern bereichern zu lassen. Sie achtet fremde Überzeugungen, nimmt sie an. Sie kann sich in Staunen und Bewunderung verwandeln, wenn die fremde Weltanschauung die verschiedenen Facetten der Wirklichkeit in einem anderen Licht erscheinen läßt, als dies bisher mit meinem Weltbild der Fall war. Sie bewirkt eine Ausweitung meines kleinkarierten Gottesbildes. Es ist die Logik der Inklusion: er und ich. Es gibt keine Konkurrenz mehr; keine Logik, die bis zur Ausrottung der andern gehen kann, sondern Entgegenkommen, Bereicherung und wechselseitige Verwandlung. Wir fühlen uns als Glieder der gleichen Menschheit.

Im Namen der Toleranz haben die demokratischen Regimes das Prinzip des Laizismus eingeführt, der allen die gleichen Chancen zugesteht. Durch die Trennung von Kirche und Staat kann es nicht so weit kommen, daß eine religiöse Ideologie zu Ungunsten der anderen die Oberhand gewinnt, daß eine Glaubensgemeinschaft Andersdenkende schikaniert, einseitig Partei ergreift und Druck ausübt. Zugleich fördert sie die spirituelle Entfaltung des Einzelnen.

Die Toleranz ist eine Haltung, die im Einklang steht mit dem christlichen Glauben, der nicht Besitz der Wahrheit, sondern Suche nach der Wahrheit ist, nicht das Verharren und Sich-Festklammern an einer Offenbarung, sondern Öffnung auf die Unendlichkeit Gottes hin.

Wieso andere ausschließen?

Es gibt Ausgrenzungen aller Art: wirtschaftliche, soziale, politische, religiöse. Konkret verursachen sie Leiden, Tragödien, manchmal sogar den Tod. Das ist wahr! Doch wer hat nie Ausgrenzung erfahren? Sie ist leider eine tiefgreifende Realität unseres Lebens. Um also ernsthaft über dieses Problem nachzudenken, soll sich jeder fragen: Unter welchen Umständen habe ich mich ausgeschlossen gefühlt? Habe ich darunter gelitten?

Das Gefühl des Ausgeschlossenseins hat man immer im Zusammenhang mit einem andern, einer Gruppe. Die Einsamkeit, die man in solchen Augenblicken spürt, ist vielleicht Quelle der tiefsten Ängste, die es überhaupt geben kann. Dieses Gefühl der Verlassenheit trifft unseren Willen, zu leben und zu lieben.

Es kommt vor, daß dieses Gefühl auf der jedem Menschen innewohnenden Maßlosigkeit beruht. Er möchte so sehr alles haben, Gewissheit über alles, alles kennen, von allen geliebt werden, so daß er nur enttäuscht werden kann. Es ist für ihn so schwierig, zu glauben, daß er, so wie er ist, einen Wert hat, mit seinen Grenzen. Es ist für ihn so schwer, sich selbst zu lieben, wie er ist; er möchte ein anderer sein. Wenn sein Traum von ihm selbst zusammenbricht, fühlt er sich sozusagen aus sich selbst verjagt. In seiner Enttäuschung kapselt er sich ab, errichtet er Barrieren, um sich zu schützen. Das ist die Tragik der Geschichte der Menschheit. Aus mangelndem Vertrauen – in uns selbst?, in den andern?, in Gott? – schließt jeder die anderen aus und damit sich selbst.

Diesem Gefühl des selbstverursachten Ausgegrenztseins kann nur entrinnen, wer jemandem begegnet, der ihn wirklich annimmt, wie er ist, der ihn bedingungslos liebt, als das, was er ist. Glücklich der Mensch, der diese Gewißheit haben kann.

Aber unzählige Menschen haben diesen Blick nie auf sich gespürt. In der Wirtschaft, in der Gesellschaft, in der Politik, ja leider sogar in der Familie wird so oft zu verstehen gegeben: Du bist nichts wert, du existierst nicht, du zählst nicht. Man beruft sich dabei manchmal selbst auf Gott. Wie oft wird in seinem Namen gesagt: Du bist ein Nichts, du bist schuldig, verschwinde! «Zum Teufel mit dir!»

Die Evangelien sprechen oft von der Art, in der Jesus die Leute angeschaut hat. Welch ein Vertrauen – in ihn und in sich selbst – wurde durch diesen Blick ausgelöst! Die Apostel verlassen alles, um ihm zu folgen. Er ruft sie, und gleich sind sie bereit, sich einem neuen Leben zu stellen. Den wegen Krankheit oder Invalidität Ausgeschlossenen wird ihre Würde zurückgegeben, sie werden ins soziale Netz integriert. Oft wird gesagt, daß Jesus ihnen wieder auf die Beine hilft. Der Ausdruck ist sowohl wörtlich zu verstehen – sie waren ans Bett gefesselt und haben nun wieder Kraft genug, um aufzustehen – als auch im übertragenen Sinn: Sie sind wieder fähig, ihren Platz in der Gesellschaft einzunehmen. «Steh auf, nimm dein Bett und geh nach Hause», sagt er zum Gelähmten (Mk 2,11). Nachdem Jesus einen Geisteskranken geheilt hatte, den niemand bändigen konnte und der schreiend bei den Grabhöhlen umherlief und mit Steinen auf sich einschlug, sahen Zeugen, wie er dasaß, «ordentlich angezogen und bei klarem Verstand» (Mk 5,1–21). Obwohl der Mann ihn anfleht, ihn bei sich zu behalten, schickt ihn Jesus nach Hause zurück, dorthin, wo er eine soziale Aufgabe hat. – Am besten zeigt vielleicht das Gleichnis vom verlorenen Sohn, wie der barmherzige Vater seinen Sohn rehabilitiert, was er auch getan haben mag, und ihm in der Familie wieder den Platz zuweist, den er früher innehatte.

Den Menschen (wieder) auf die Beine helfen: So kämpft man gegen die Ausgrenzung,

Babel und Pfingsten: der Triumph der Verschiedenartigkeit

Die Geschichte des Turmbaus zu Babel (Gen 11) versinnbildlicht den Aufruf Gottes, den engen Kreis zu verlassen, in den sich der Mensch einschließt. Gewöhnlich wird sie als Strafe Gottes für einen überheblichen Plan der Menschen aufgefaßt: für die Absicht, mit dem Bau eines Turms den Himmel zu erreichen. «Laßt uns eine Stadt bauen mit einem Turm, dessen Spitze bis in den Himmel reicht! Dann wird unser Name berühmt, und wir werden uns nicht über die ganze Erde zerstreuen» (Gen 11.4). Um diesem unsinnigen Wunsch ein Ende zu bereiten, zerstreut Gott seine Urheber und verwirrt deren Sprachen. «Laßt uns hinabsteigen und dort ihre Sprachen verwirren, daß keiner mehr den andern versteht.» – Und so «zerstreute der Herr sie über die ganze Erde, und sie konnten die Stadt nicht weiterbauen» (Gen 11,7–8). Es wäre auch eine andere Lesart möglich. Die Zerstreuung auf der ganzen Erde ist in der Bibel nicht eine Strafe Gottes, sondern oft ein Segen. Das ist der Fall für Noahs Söhne, die nach der Sintflut und nach dem Bund, den Gott mit ihnen schließt, sich zerstreuen und die Erde neu bevölkern. Die Geschichte der Sintflut (Gen 6–9) steht gleich vor dem Bericht über den babylonischen Turm (Gen 11). In Noahs Söhnen wurden die Begründer der Rassen gesehen mit ihren verschiedenen Lebensräumen und Sprachen.

Die Bewohner der später Babel genannten Stadt fürchten aber die Zerstreuung. Sie flüchten sich in ein Konzept der Einheit, das nichts anderes ist als ein Festhalten an einem starren Identitätsprinzip. Das ist der tiefere Sinn des Wunsches nach einer einzigen Stadt, einem einzigen Turm, einer einzigen Sprache, nach denselben Wörtern, um sich auszudrücken. Da ist kein Platz mehr für den Dialog, die Aufnahme, die Suche. Es gäbe dann nur *eine* Wahrheit, und diese würde sich geradezu aufdrängen mit der Kraft von Gott selbst, die sich die Turmbauer durch die in den Himmel ragende Spitze aneignen wollen. Es ist das Unvermögen, sich dem Anderen zu öffnen, dem Andersartigen, dem Fremden und seiner Wahrheit.

Ist die Zerstreuung, die Verschiedenheit der Sprachen nun angesichts dieser Gefahr eine Strafe oder eine Chance, um sich gegen Uniformität und den Hunger nach Macht zu schützen? Sollte Gott etwa die Rivalität des Menschen fürchten? Dieser wurde geschaffen, um ihm ähnlich zu werden. Wir finden, Gott fürchtet die Abschottung, den starren Identitätswahn, die einzige Sprache, die zur Phrasendrescherei wird. Er fürchtet die Ausgrenzung des Andersartigen, die Verfolgung derer, die durch ihr Aussehen, ihre Sprache oder ihre Meinung nicht der Norm entsprechen. Gott greift ein, um die Verschiedenartigkeit wiederherzustellen und den Totalitarismus der «einzig wahren» Denkweise zu durchbrechen. Als die Bewohner von Babel aufhörten, an der *Stadt* zu bauen, konnten sie, sich auf der ganzen Erde ausbreitend, *Städte* bauen und durch das Annehmen der Verschiedenartigkeit einander bereichern.

Dieselbe Öffnung und dieselbe Aussendung entdecken wir im Pfingstereignis (Apg 2,5–12). Manchmal werden Pfingsten und der Turmbau zu Babel als Gegensätze gesehen; in Wirklichkeit geht es um die gleiche Öffnung auf die Verschiedenheit hin. Der Saal, in dem sich die Jünger Jesu versammelt haben, öffnet sich, sie treten heraus und beginnen zu sprechen. «Als sie dieses gewaltige Rauschen, wie von einem Sturmwind, hörten, sammelte sich die Menge und war überwältigt, denn jeder hörte sie in seiner eigenen Sprache reden.» Es ist der Triumph der Verschiedenheit. Man öffnet sich dem andern, so daß man ihn versteht und er seinerseits uns versteht, so daß man seine Wahrheit vernimmt und ausgehend von dieser Wahrheit, die von der meinigen abweicht, zu einer neuen, wirklichkeitsgetreueren Wahrheit finden kann. Dieser Anstoß bewirkt, daß die Apostel tatsächlich zu dem aufbrechen, was für sie «die Grenzen der Erde» war: Rom, Griechenland, die Inseln im Mittelmeer... um Jesu gute Nachricht zu verkünden.

Die Öffnung, die der Geist im Herzen der Gläubigen bewirkt, hindert diese daran, sich auf eine einzige Idee zu versteifen, auf einen einzigen Gottesbegriff, ein einziges Bild vom andern und von sich selbst. Der gleiche Impuls macht sich in den Institutionen bemerkbar, die manchmal dazu tendieren, ihren ursprünglichen Zweck zu vergessen und für sich selber zu existieren. Selbst in unseren Kirchen, die manchmal so unbeweglich zu sein scheinen und von den heutigen Problemen unberührt, spürt man wie eine unterirdische, unaufhaltsame Bewegung, die eines Tages zu einem neuen Pfingsten, das heißt zu einer neuen Öffnung, führen wird.

Sobald eine Gesellschaft, eine Organisation oder Kirche sich auf eine einzige Sprache versteift und die Gedankenvielfalt bekämpft, legt sie ein geschwächtes Identitätsbewußtsein an den Tag, und sie steuert langfristig dem Abgrund zu, denn jedes System, das auf den lebensnotwendigen Austausch verzichtet, stirbt. Die lebendige Gegenwart des Geistes, die Jesus seiner Kirche versprochen hat, sollte sie davor bewahren und bewirken, daß sie sich ohne Furcht öffnet – auf die verschiedenen Kulturen hin, den interreligiösen Dialog, vielfältige theologische Studien und neue Arten des menschlichen Zusammenlebens.

Der Friede ist möglich

Jeder Aufruf zum Frieden ist umsonst, wenn er nicht einhergeht mit einer konkreten Arbeit für den Frieden mit allen Risiken und Hindernissen, die ein solches Engagement mit sich bringt.

In einem Klima des Mißtrauens und des Hasses kann der Friede nicht gedeihen. Leisten wir unseren Beitrag, damit das Mißtrauen abgebaut wird, das aus historischen, kulturellen, politischen oder religiösen Gründen zwischen den Völkern besteht. Dieser Abbau des Mißtrauens kann «von oben» erfolgen, durch Abkommen oder politische Verhandlungen, aber auch «von unten», durch die Förderung der Kontakte zwischen den Bürgern, durch kulturellen Austausch oder indem Delegationen in Länder gesandt werden, in denen Konflikte herrschen. Solche Delegationen spielen zum Beispiel in Palästina eine wichtige Rolle. Wir kommen heute zur Einsicht, daß der Friede auch uns etwas angeht. Er ist nicht allein Sache der Politiker, der Experten, der internationalen Gemeinschaft. Die Bürger sind dafür genauso verantwortlich. Die «Globalisierung» der Friedensanstrengungen ist ein Zeichen der Zeit.

Ohne Gerechtigkeit gibt es keinen Frieden. Es ist die Gerechtigkeit, die Frieden schafft. Eine Ungerechtigkeit ist nie eine Bedingung für den Frieden. Wenn man Ungerechtigkeiten duldet, leistet man den Konflikten Vorschub. Der Graben der Ungleichheit, der sowohl bei uns als auch zwischen dem Norden und dem Süden Tatsache ist, ist in keiner Weise dem Frieden förderlich. Der Friede ist immer Frucht der Gerechtigkeit. Deshalb braucht es für den Frieden mehr Mut als für den Krieg.

Jerusalem ist und bleibt ein Symbol für die Menschheit. Wie kann man erwarten, daß Jerusalem friedlich sein wird, solange das palästinensische Volk unter Besetzung und Unterdrückung zu leiden hat? Die Demütigung eines Volkes und seiner Rechte kann nur Widerstand und Gewalt hervorrufen. Aber an dem Tag, an dem Israeli und Palästinenser zusammen werden leben können, wird Jerusalem wieder zur Friedensstadt werden. Dann werden alle Völker der Erde wissen, daß der Friede auch bei ihnen möglich ist.

Trotz ihrer gewalttätigen Vergangenheit sind die Religionen dazu berufen, Frieden zu stiften, indem sie immer gewaltlose Alternativen aufzeigen. *Shalom, Salam, Frieden*: Wenn Juden, Moslems und Christen dieses Wort aussprechen, dann mit dem Wunsch, daß alle Glieder der menschlichen Familie so miteinander leben wie Kinder desselben Vaters. Der Friede ist dazu da, geteilt zu werden. Gott legt ihn in unsere Hände.

Das Abenteuer der Treue

Bei der Begegnung mit einem alten Ehepaar – die beiden kommen nur langsam voran, sie stützen sich gegenseitig, haben wahrscheinlich ein langes gemeinsames Leben hinter sich – drängt sich der Begriff der «Treue» auf. Die Treue ist die Gabe des Vertrauens, des Vertrauens, das man andern schenkt und das man auch von ihnen erwartet. Aber es bedeutet auch, sich selbst treu zu sein, den Werten, für die man das Beste seiner selbst zu geben bereit ist.

Vor allem in bezug auf die Ehe wird von Treue gesprochen. Das liegt auf der Hand, denn diese Lebensgemeinschaft verpflichtet zu einer äußerst intensiven Art des Teilens in jeder Beziehung. Wie kann es gegenseitige Hingabe geben, wenn das Vertrauen fehlt, das die Liebe begründet?

Zu Recht gilt die Treue als Voraussetzung für eine echte Paarbeziehung; sollte sie aber nicht alle menschlichen Beziehungen beseelen? Welchen Wert hat sie übrigens zwischen zwei Partnern, wenn sie in der Freundschaft, in den familiären Beziehungen, in allen Lebensbereichen mit Füßen getreten wird? Wohin steuert unsere Welt, wenn sie den hemmungslosen Wettbewerb über alles stellt und dabei den Sinn für das gegenseitige Vertrauen aufs Spiel setzt, auch im banalen Alltagsleben?

Treue ist nicht Unbeweglichkeit oder Stagnation. Schon in der Paarbeziehung kann Treue nur dann überleben, nur dann vertieft werden, wenn sie erfinderisch ist und achtsam auf Unvorhergesehenes. Die wahre Treue nimmt teil am Abenteuer des Lebens. Es wäre schlimm, wenn man, gelähmt durch ehemals eingegangene Verpflichtungen, den heutigen Erfordernissen nicht genügen könnte.

Jeder wünscht sich, daß ein Engagement, das uns am Herzen liegt, von Dauer ist. Aber die Treue ist manchmal in Gefahr, die Lebensumstände ändern sich, und manchmal muß man sogar einsehen, daß eine Verbindung, die einem teuer war, nicht mehr aufrechterhalten werden kann. Sie scheitert, mit all dem damit verbundenen Leid. In gewissen Situationen drängen sich Alternativen auf; auf jeden Fall sollte man sich in gegenseitigem Respekt darauf einigen. Das Vertrauen nicht verlieren, lebendig bleiben.

Der Aufruf zur Treue gewinnt angesichts der Treue Gottes eine besondere Bedeutung. Im eucharistischen Teilen wird unsere schwankende Treue von der Treue Jesu umschlossen; seine Liebe schenkt Vertrauen und Hoffnung.

Die Treue ist wohl das, was die Spannung zwischen dem Ideal, unserem Wunsch nach ewiger Dauer, und der Hinfälligkeit unseres Menschseins am intensivsten zutage treten läßt. In dieser Spannung spürt man seine Grenzen besonders stark und lernt, mitten in der Veränderung lebendig zu bleiben.

Die Sexualität, Dimension jeder menschlichen Beziehung

«Gott erschuf den Menschen nach seinem Bild (...) als Mann und Frau erschuf er sie (...) und Gott sah, was er getan hatte, und er sah, daß es sehr gut war.» Die erste intuitive Erkenntnis des Buches Genesis ist also, daß die Sexualität durch und durch gut ist. Es ist außerordentlich wichtig, daß man von dieser grundlegend optimistischen Haltung gegenüber der Sexualität nicht abweicht, auch wenn die Auswüchse und Entgleisungen, die sie bedrohen, nicht verkannt werden sollen.

Die Sexualität muß ganzheitlich betrachtet werden, denn über ihre biologische und genitale Funktion hinaus betrifft sie die Gesamtperson mit ihrer Körperlichkeit, ihrer Gefühlswelt, ihrer Denkweise, ihrem Wesen...

Sie prägt jeden und jede, unabhängig von der jeweiligen Situation und Lebensweise. Indem sie eine gegenseitige Anziehung unter den Menschen verursacht, bewirkt sie, begleitet vom Respekt für alle Unterschiede, tiefe, belebende Beziehungen. Aus diesen Beziehungen keimen vielfältige Fruchtbarkeit und die menschliche, facettenreiche Kreativität. Die Zusammenarbeit zwischen den Menschen, vor allem wenn Männer und Frauen ihre unterschiedlichen Betrachtungsweisen einbringen, zeitigt bemerkenswerte Resultate auf dem Gebiet der Kultur, der Kunst, des sozialen und politischen Engagements wie auch im Bereich des spirituellen und religiösen Lebens. So ist die Sexualität für jeden Menschen ein entscheidender Faktor der persönlichen Identität in der Dynamik der Beziehung zu den andern.

Und genau davon spricht das Evangelium ununterbrochen, nämlich von der Art der Beziehung zu den andern, zu denen, die verschieden sind: die Frau aus Samaria, eine Frau und eine Fremde obendrein, der Bettler, die Abgeschobenen... An der gegenseitigen Liebe, besonders an der Liebe zu denen, die man vielleicht lieber ignorieren möchte, sollte man die Jünger Jesu erkennen.

Die Sexualität wurde in erster Linie unter dem Aspekt der Fortpflanzung betrachtet; sie wurde kaum um ihrer selbst willen geschätzt, als verbindendes Element zwischen verschiedenen biologischen, affektiven, psychischen und spirituellen Komponenten der Person und seiner Lebensdynamik. Dies ist verständlich, denn bis vor kurzem war der Wunsch nach dem Überleben der Gattung beherrschend, es war auch eine Notwendigkeit.

Die Entdeckung der Verhütungsmittel, die die biologisch zwingende Verquickung zwischen Sexualität und Fruchtbarkeit aufhoben, spielte eine entscheidende Rolle bei der Bewertung der Sexualität als lebenswichtiges Element der menschlichen Beziehungen. Es ist heute möglich geworden, die Sexualität als autonome Kraft zu verstehen, die nicht mehr bloß eine für die Fortpflanzung nötige Einrichtung ist. Sie wird heute aus eigener Entscheidung gelebt, in einer Gesamtheit von Bedeutungen, welche die Fruchtbarkeit zwar einschließen, aber weit darüber hinausgehen.

Infolgedessen wird dem Sinn und der Bedeutung der Sexualität mehr Aufmerksamkeit geschenkt. Sie ist kein leichtes Spiel, sie ist herausfordernd, belebend. Sie appelliert an die gegenseitige Achtung, an das Verständnis für den anderen in seiner Verschiedenheit, die Öffnung auf die hohen Werte hin, die der

Menschheit ihre Würde verleihen. Sie erfordert, wie der Dichter Charles Péguy sagte, «ein Herz, das ständig auf dem neusten Stand» ist.

Gott ist Beziehung

Jesus enthüllt uns in den Evangelien, daß er vom Vater gesandt ist und ununterbrochen mit ihm in Verbindung steht. Er spricht auch vom Heiligen Geist, den er senden wird. Dank ihm wird man alles verstehen, was er gesagt hat, und er wird nach Jesu Weggang bei uns bleiben. Es handelt sich um eine gänzlich neue, erstaunliche Offenbarung, die die Propheten des Ersten Testamentes nicht geahnt hatten. Die Vertiefung dieser Gegebenheiten durch die christliche Tradition mündete in das Geheimnis der Dreifaltigkeit. Der Gott der Christen ist ein komplexer Gott, zugleich einer und drei Personen umfassend, der Dreieinige Gott, genannt Vater, Sohn und Heiliger Geist. Gott ist nicht nur kein Einzelgänger, sondern er öffnet sich noch mehr, indem er den Menschen seinen Sohn und seinen Geist sendet. Um so mehr sind Gott und die Menschheit miteinander verbunden: Indem er als einer von uns zu uns kommt, führt uns der Sohn ins Innere Gottes, und das ist nicht eine in sich abgeschlossene Welt, sondern Bewegung und Ausdehnung: Jeder lebt nur für und durch die andern. Es ist die perfektionierte Interaktion.

Im Lichte der Humanwissenschaften können wir sogar noch weiter gehen im Verständnis des Geheimnisses der Beziehungen in Gott und zwischen den Menschen (eines beleuchtet das andere). Für sich allein kann ein Wesen nicht existieren. Oft denkt man, dies sei möglich, und nachher würden diese Personen eventuell miteinander kommunizieren. Doch niemand kann *vor* einer Beziehung existieren. Die Beziehung scheint nicht nur das Werden des Menschen zu verursachen, sondern auch dasjenige Gottes. Gott ist Beziehung, oder er ist nicht. Es ist der Heilige Geist, der dieses Verhältnis personifiziert und daraus eine so innige, von Rücksicht geprägte Verbindung macht, dass man sie mit dem Verhältnis zwischen einem Vater, der so zärtlich und liebend ist wie eine Mutter, und seinem Sohn vergleicht.

Das Glaubensbekenntnis sagt uns, daß der Vater den Sohn hervorbringt. Das ist wahr, aber es handelt sich nicht um ein vertikales, hierarchisches und einseitiges Verhältnis, sondern um eine gegenseitige Beziehung, denn der Vater ist nur dank seinem Sohn Vater. Eltern wird man nur, wenn man Kinder hat. Seine Identität erwirbt man nur dank dem andern.

In einer Zweierbeziehung besteht die Gefahr, daß die Verschmelzung so weit geht, daß einer den andern absorbiert. Die Reaktion darauf ist, daß man sich entfernt, um mehr Autonomie zu haben. In beiden Fällen, Verschmelzung oder Entfernung, scheitert die Beziehung. Um die Erweiterung der Beziehung zu ermöglichen und ihre Erstarrung zu verhindern, braucht es etwas Neues, und das ist die Rolle des Geistes.

Am Pfingstfest hat er sich als Sturm und als Feuer manifestiert. Er ist der Raum, in dem die Luft zirkuliert, wodurch sowohl die Verschmelzung als auch die Trennung der Personen verhindert wird. Er sorgt für die richtige Distanz, die die Bildung eigenständiger Identitäten ermöglicht. Er ist die warme Atmosphäre, wo Vertrauen und gegenseitige Anerkennung herrschen, wo keiner den andern vereinnahmt oder beherrscht. Es ist die Liebesbeziehung zwischen dem Vater und dem Sohn, ohne Fusion, ohne Trennung, ohne Hierarchie. Ohne ihn wären sie nicht, was sie sind. Wegen dieser gegenseitigen Abhängigkeit zwischen den Personen der Dreifaltigkeit kann man von ihnen sagen, sie seien gleich und besäßen die gleiche Natur. Der Vater, der Sohn und der Heilige Geist bestehen nur durch die gegenseitige Beziehung – Einheit und Vielheit, Unterscheidung und Gleichheit, Verschiedenheit und Ähnlichkeit.

Der Geist Gottes sendet uns wiederum zu den andern und befähigt uns, ihnen Platz zu machen, ohne daß wir selber verschwinden, nutzlos werden und unsere Identität verlieren, befähigt uns, die Eigenart des andern zu respektieren, ihn nicht zu «annektieren» und nicht den Konflikt zu suchen. Der Geist ist der Garant unserer Fähigkeit, einander zu lieben, wie Jesus, der Sohn, uns geliebt hat.

Der Verlust der Lebensfreude: der Selbstmord

Wohl alle von uns kennen oder kannten im engsten Umkreis Personen, die Selbstmord begangen oder es zumindest versucht haben.

Es ist ein Schock. Wir sind sprachlos. Schuldgefühle befallen uns: Habe ich diesem Menschen wirklich zugehört, habe ich ihn verstanden, habe ich die um Hilfe bittende Hand ergriffen, habe ich seine Einsamkeit bemerkt?

Der Gedanke, ahnungslos an einer sich anbahnenden Tragödie vorbeigegangen zu sein, hat etwas Beklemmendes. Der geliebte Mitmensch ist aus dem Leben geschieden und hat sein Geheimnis mit ins Grab genommen. Nun herrscht Schweigen. Wir können nichts mehr tun. Was geschehen ist, werden wir nie verstehen können. Dieses Gefühl der Ohnmacht ist schwer zu ertragen, aber man muß diese Unwissenheit wohl oder übel akzeptieren.

Suizide gibt es in allen Altersklassen. Aber bei den jungen Leuten nehmen die Selbstmordversuche zu. In Frankreich sterben zur Zeit mehr Menschen durch den Freitod als durch Verkehrsunfälle. Weltweit gesehen sind die reichen Länder am meisten betroffen. Macht Reichtum allein also nicht glücklich?

Der Selbstmord eines Menschen ist eine an uns gerichtete Botschaft. Wir sollen sie entschlüsseln, indem wir allem, was die Lebensfreude beeinträchtigt, Aufmerksamkeit schenken. Denn die Vorbereitungen zum Selbstmord geschehen immer in der Einsamkeit. Zu viele Jugendliche finden sich in der Gesellschaft nicht mehr zurecht. Sie haben keine Zukunftsperspektiven. Sie leiden unter zerrütteten Familienverhältnissen. Ein solcher junger Mensch ist wie ein verletzter Vogel, ohne Zuwendung, ohne Halt, ohne Beschäftigung, mit dem Gefühl, gescheitert zu sein und für niemanden zu existieren. Sie wollen sterben, um diesem Leben ein Ende zu setzen, aber auch um zu existieren. Ihre Todessehnsucht drückt eigentlich ihren Wunsch nach einem andern Leben aus. Ein maßloser Lebenshunger kann dazu führen, daß man mit schwierigen, einengenden Lebensverhältnissen nicht fertig wird. Oft ist der Selbstmord wie ein lauter Hoffnungsschrei in einer Situation, in der der Mensch vom Schmerz erdrückt wird.

Während langer Zeit waren die Selbstmörder von der katholischen Kirche ausgeschlossen worden. Heute sieht sie den Freitod mehr als eine Verzweiflungstat, um aus einer unentwirrbaren Lage auszubrechen. Eine Tat, die eher nach Erbarmen schreit als nach einer Verurteilung. Gott allein kennt die Hintergründe. Barmherzig nimmt er diese Menschen auf in die Fülle des Lebens.

Schwer anzunehmen: die Homosexualität

Wenn Menschen gewahr werden, daß sie homosexuell sind, bedeutet das für sie einen Schock und oft auch plötzliche, tiefe Einsamkeit, ob es sich nun um Jugendliche, Erwachsene oder sogar um schon verheiratete Personen handelt. Es ist nicht einfach, im Bekanntenkreis jemanden zu finden, mit dem man darüber reden kann; die andern sind durch die unerwartete Situation überfordert.

Die Homosexualität ist ein verwirrendes Phänomen, das nicht selten als widernatürlich taxiert wird. Einmal abgesehen von jeder moralischen Wertung, stellen wir fest, daß «die Natur», wie wir sie erfassen können, etwa neun Zehnteln der Menschheit eine heterosexuelle Veranlagung zugedacht hat, während eine Minderheit eine Sexualität und Affektivität besitzt, die sich vorwiegend auf das gleiche Geschlecht bezieht. Der Ursprung und die Gründe dieser Realität sind nicht leicht erklärbar; allzu leichtfertig hat man Erziehungsmängel dafür verantwortlich gemacht, es bedürfe nur der richtigen Willensanstrengung, um damit fertig zu werden, hieß es. Aber «die Homosexualität sucht man sich nicht einfach aus, sie ist entweder da oder nicht da», sagt einer von ihnen.

Ist man sich eigentlich bewußt, was die Homosexuellen durchmachen müssen, die ihre Sensibilität, ihr Gefühlsleben und ihre auch sexuelle Entfaltung in einer noch weitgehend feindseligen Umgebung verwirklichen müssen, wo ihnen Verachtung und Ablehnung entgegenschlägt? Die Tatsache, zu einer Minderheit in der vorwiegend heterosexuellen Gesellschaft zu gehören, ist schon schwer genug, und dann kommt noch das Nichtverstehen, ja die Verurteilung ihrer Lebensweise hinzu. Ist diese Ablehnung der homosexuellen Minderheit durch diejenigen, die die vorherrschende affektive und sexuelle Veranlagung geerbt haben, nicht eine Herabwürdigung mit rassistischen Zügen? Es kommt vor, daß Jugendliche durch diese abweisende Haltung in den Selbstmord getrieben werden; in einem Alter, wo es sowieso schon schwierig ist, sich anzunehmen, wie man ist, entdeckt man seine nicht konforme Veranlagung.

Man wird einwenden können, daß die Sexualität die Begegnung von verschiedenen Polen ist, woraus die Fruchtbarkeit entsteht. Gewiß!

Aber die Anziehung, die Verliebtheit, beruht nicht nur auf den natürlich wichtigen körperlichen Unterschieden zwischen Mann und Frau, sie ereignet sich in der Begegnung mit dem andern als Person mit seiner ihm eigenen und einzigartigen Identität.

Ist die Sexualität nicht zu sehr in der körperlichen Realität verstrickt, fehlt nicht oft die Öffnung auf die Person in ihrer Gesamtheit hin, wo die Liebe wahrhaft menschlich wird?

Zwar ist die Fortpflanzungsfunktion eine besonders wichtige Dimension der Sexualität, aber die Entfaltung, die diese ermöglicht, wird deswegen nicht eingeschränkt. Wie reich und vielfältig kann doch die soziale, künstlerische und humanitäre Kreativität zweier Menschen sein, die in einer stimulierenden Partnerschaft leben!

Es ist ungerecht und herabwürdigend, die Homosexualität auf eine unfruchtbare Suche nach dem Gleichen zu reduzieren. Schwule und Lesben kämpfen um die Anerkennung ihrer Würde und ihrer Rechte. Homosexuelle Christen bezeugen durch ihr Leben wahrhaftige Liebe und Treue sowie einen lebendigen und solidarischen Glauben. Die evangelische Botschaft fordert uns auf, den andern, die andern in ihrer Andersartigkeit anzuerkennen und nicht über fremdes Verhalten zu urteilen. Es gibt schon genug zu tun, wenn man vor der eigenen Türe wischen will.

Plädoyer zugunsten der Wohltätigkeit

«Karitas» wird mit «christliche Nächstenliebe» oder «Wohltätigkeit» übersetzt. Und «Wohltätigkeit» hat keinen guten Klang, besonders im Sinn des abgegriffenen Wortes «Almosen». Bei Demonstrationen steht manchmal auf den Spruchbändern: «Wir wollen keine Almosen, sondern Gerechtigkeit». Weil es ein Synonym ist für Herablassung und Mitleid. Man hat seine Armen, man beugt sich zu ihnen hinunter. Man gibt ihnen ein paar Brotkrümel, um das Gewissen zu beruhigen. Man klebt ein Pflaster auf die Wunde, aber das Elend besteht weiter, die Ursachen werden nicht bekämpft. Die Gerechtigkeit ist etwas anderes: Da werden die Rechte respektiert und die Ursachen angegangen.

Die öffentliche Meinung wartet nicht, bis diese Begriffe entstaubt sind; sie bevorzugt den Begriff «Solidarität», der allgemein akzeptiert wird und den Vorteil hat, keinen religiösen Klang zu haben. «Solidarität» unterstreicht in der Tat den horizontalen Aspekt der Verbundenheit, ohne Rücksicht auf Herkunft, Kultur und Glauben. Solidarität hat die grundsätzliche Gleichheit der Rechte aller Menschen zum Ziel. Auch wenn es leider eine Solidarität des Bösen gibt, bleibt das Wort doch eine Quelle positiver Handlungen, über alle Grenzen hinweg.

Die Karitas steht für die Liebe, die in Gott ist und die, durch die Liebe, die Er uns entgegenbringt, in unserem Innersten wohnt. Gott ist Liebe. Er eröffnet uns eine neue Dimension, die geprägt ist durch das Geben ohne Entgelt. Deshalb ist derjenige, der liebt, aus Gott geboren, wie Johannes sagt. «Liebt einander, wie ich euch geliebt habe», legt uns Jesus ans Herz. Daher der vertikale Aspekt der Karitas, die uns mit Gott verbindet, während sie der Liebe zwischen uns auch ihre wahre Dimension verleiht.

Die Nächstenliebe ist dazu bestimmt, immer größer zu werden. Sie ist erfinderisch, geduldig, fähig, Hindernisse zu überwinden und viel Leid zu ertragen. «Die Liebe (...) trägt das Böse nicht nach, sie glaubt alles, sie hofft, sie erträgt alles. Die Liebe wird nie vergehen» (1 Kor 13,5–8). Für die, die man liebt, sein Leben hingeben – eine größere Liebe gibt es nicht, sagt Jesus.

Immer verzeihen?

Das Verzeihen stellt sich der Entfaltung des Bösen entgegen; es stoppt die Gewaltspirale. Das Verzeihen schafft eine neue Beziehung zwischen zwei Wesen, die nichts miteinander verbindet. Beziehung beinhaltet gegenseitiges Aufeinander-Zugehen. Wer um Verzeihung bittet, hat zuerst innerlich einen weiten Weg zurückgelegt, um aus der Sackgasse herauszufinden, in der er sich befindet. Er sucht keine Entschuldigungen mehr, sondern gesteht seine Verantwortung und seinen Fehler ein. Dieses Eingeständnis tut weh, und er nimmt diesen Schmerz an. Er ist bereit, über seinen Schatten zu springen, er will eine Brücke schlagen zwischen sich und dem, dem er Unrecht getan hat, zwischen der Vergangenheit und der Zukunft.

Wer verzeiht, überwindet ebenfalls Hindernisse, die sich vor ihm aufgetürmt hatten und unverrückbar schienen. Er hat Wut, Groll und Rachsucht überwunden, die Mauern, in denen er sich eingeschlossen hatte, um einen neuen Weg einzuschlagen, den Weg des Verständnisses und der Großmut. Er wagt es, demjenigen sein Vertrauen zu schenken, der ihn verraten hat. Er rehabilitiert ihn, beweist ihm, daß er besser ist als der von ihm begangene Fehler. Für beide war die Vergangenheit von Unglück geprägt, nun eröffnet sich ihnen eine Zukunft im wiedergefundenen Frieden, der vorher unmöglich schien. In diesem Sinn ist das Verzeihen ein großartiger Austausch. Hoffnung und Leben für das Opfer und für den Schuldigen.

Diese Gegenseitigkeit ist leider nicht immer möglich, es ist jedenfalls nicht die Situation, die am häufigsten vorkommt. Soll man deswegen auf diesen idealen Weg verzichten? Man kann ja den Anfang machen, ohne zu warten, bis der andere dazu bereit ist. Wichtig ist bereits der innere Weg der Klärung in seinem eigenen Inneren, der zum Weg der Bekehrung werden kann. Der Weg ist um so schwieriger, als er den Gedächtnisverlust ausschließt. Denn Verzeihen ist nicht Vergessen. Erstens gibt es Beleidigungen, die man nicht aus dem Gedächtnis tilgen kann, und zweitens gibt es so schwerwiegende Verfehlungen, daß man sich an sie erinnern muß, um sie nicht zu wiederholen. Insofern haben wir die Pflicht, uns zu erinnern.

Das Verzeihen Gottes wird nur in unserem menschlichen Verzeihen mit seinen Grenzen offenbar. Möglich ist es aber; die Art, in der Jesus seine Vergebung ausdrückt, wirkt ermutigend. Statt sich zu widersetzen und seinen Peinigern zu antworten, zieht es Jesus vor zu sagen: «Vater, verzeihe ihnen, sie wissen nicht, was sie tun.» Wo es kein Verzeihen gibt, kann man nicht atmen. Aber kann man verzeihen, wenn Verbrechen gegen die Menschheit geschehen, wenn Kinder vergewaltigt und ermordet werden, wenn blinder Terror unschuldige Opfer trifft? Das Verzeihen löscht die Ungerechtigkeit nicht aus, es ist ein Aufruf, über den Schrecken und die Schande hinauszugehen. Gottes Verzeihen ist Erwartung und bedingungslose Liebe, was wir auch getan haben mögen. Es gibt die Gewißheit, daß man für jemanden noch zählt, daß man noch als menschliches Wesen existiert. Es richtet auf, besänftigt, heilt. Es verweist auf eine verantwortungsvoll gelebte Zukunft. Gott verurteilt nie, er macht, daß man neu geboren wird. Er ermöglicht es uns, die Fesseln, die uns gefangenhielten, nach und nach abzulegen. Was nicht wiedergutzumachen schien, erscheint durch neu geweckte Hoffnung in neuem Licht.

Die letzte Lebensetappe

Für alle Menschen, Glaubende und Atheisten, ist der Tod eine schwere Prüfung, ja ein Skandal, so unbändig kann der Lebenshunger sein, so stark die Familienbande, so reich die Beziehungen zwischen den Personen.

Jesus hat den Tod nicht erklärt. Aber er hat das Sterben erlebt, sicher auch mit Angst («Warum hast du mich verlassen?»), aber auch in Vertrauen und Liebe. «Vater, in deine Hände lege ich meinen Geist.» Eine Liebe, die niemanden verwirft.

Ist der Tod, und dazu gehört nicht nur die Schlußphase, sondern auch der oft lange Weg, der ihm vorausgeht, ist er bloß Verfall und das endgültige Aufhören eines Lebens? Ist er nicht – kann er das nicht sein – wie ein Orgelpunkt, der einer Existenz die Krone aufsetzt? Der Tod, und die Umstände, in denen wir ihn erleben werden, bleiben ein Geheimnis, aber der Sinn, den wir der letzten Lebensetappe, die zum ihm hinführt, geben können, hängt ganz allein von uns ab.

Das Alter ist die Zeit, in der man in vermehrtem Maße mit sich selbst konfrontiert ist und einer gewissen Leitlinie gewahr wird, die unsere Seinsweise bestimmt. Es ist die Zeit, in der vieles relativ wird, in der man der Arbeit an sich selber den letzten Schliff gibt, indem man sein Leben nochmals durchgeht. Deshalb ist das Alter, wenn es akzeptiert wird, eine Phase der Klärung, der Konfrontation mit dem Wesentlichen, des Zusammentreffens mit sich selbst, mit den Werten, die unsere Lebensrichtung bestimmt haben.

Beziehungsqualität und innere Intensität gehören zusammen. Das Alter fördert das Hinuntersteigen in unser Inneres, lehrt aber zugleich die lebensnotwendige Wichtigkeit der Beziehung. Nur in der Verbundenheit existiert man. Mit zunehmendem Alter wird die Beziehung zu den Mitmenschen immer wichtiger, obwohl mehr Zurückhaltung geübt wird. Der Austausch, das gegenseitige Vertrauen, die innere Verbundenheit, die Teilhabe an den gleichen Grundwerten gewinnen an Bedeutung. Weil das Handeln in den Hintergrund rückt, gewinnt das Sein und das Zusammensein an Gewicht.

Die zunehmende Abhängigkeit des Greises und des Sterbenden kann, statt Verfall zu bedeuten, eine positive Bedeutung haben. Dem «Gläubigen» zeigt sie deutlich, wie er in der Erwartung Gottes leben kann. Was können wir auf diesem letzten Wegstück Besseres bieten als eine möglichst totale Empfänglichkeit, ein grenzenloses Vertrauen? Unsere guten Werke, unsere angehäuften Verdienste, die Reue wegen unserer Irrtümer und Fehltritte, die Erinnerung an unsere Kämpfe – all dies könnte uns auf uns selber zurückwerfen, auf das, was wir waren, während für den Glaubenden bei diesem letzten Abenteuer allein das vertrauensvolle Warten auf Gott zählt, dessen Liebesfülle nur existiert, um sich mitzuteilen.

Mehr oder weniger heitere Annahme des persönlichen Endes oder Hoffnung auf ein Jenseits mit dem Wiedersehen mit den Dahingegangenen und der Erwartung eines endlich für alle glücklichen Lebens – wie dem auch sei, der Tod verweist jeden auf die Qualität und den Sinn seines gegenwärtigen Lebens.

Werden wie die Kinder

«Wenn ihr nicht werdet wie die Kinder, werdet ihr nicht in das Reich Gottes eintreten können» (Mt 18,3).

Durch diese Worte der Evangelien scheint das Vertrauen angesprochen zu sein, das das Kind den Erwachsenen entgegenbringt, zuallererst seinen Eltern. Dieses Vertrauen ist unerläßlich, denn das Kind kommt in einem Zustand extremer Verletzbarkeit und totaler Abhängigkeit auf die Welt. Analog dazu können wir Gott gegenüber nur Vertrauen haben, denn wir sind im ungewissen darüber, wie unsere Zukunft letztlich aussehen wird; es ist uns nicht möglich, in dieser Hinsicht irgendeine Sicherheit zu erlangen.

Um nicht zu verzweifeln, sah Jesus am Kreuz nur den Ausweg, sich seinem Vater anheimzustellen. Das Sich-Anvertrauen, das Sich-Hingeben an jemanden, dem man vertraut, ist eine kindliche und zugleich christliche Haltung.

Aber das Kind ist auch der Andere, der sich zwischen seine Eltern stellt und dort auch bleiben wird. Trotz seiner Abhängigkeit besitzt es eine enorme Fähigkeit der Selbstbestimmung. Die Geburt ist der erste autonome Akt; dann folgen die Entwöhnung, das Laufenlernen, die Reinlichkeit, die Schule, Kenntnisse aller Art, die es erwirbt, die Pubertät und schließlich das Erwachsenenalter, wodurch es seinen Eltern gleichgestellt wird. Und immer wieder, vom ersten Weinen an, bricht der Wille zur Selbstbestimmung durch. Das Ziel der Erziehung ist, als Antwort auf diesen Willen, die Entwicklung der Autonomie des Einzelnen.

Die Art, in der wir dieses Wort Jesu heute auffassen, kann die vitale Dynamik, die im Kind steckt, nicht außer acht lassen. Das Reich Gottes gehört demnach auch denen, die selbständig sind und all ihre menschlichen Fähigkeiten und Potentiale entfalten. Für diese Entfaltung braucht es sicher auch Leitlinien, aber sie ist jedenfalls besser als die Untätigkeit und der Verlust der Begeisterung. Das Reich Gottes ist nicht etwas Fertiges, das einem geschenkt wird, es muß errichtet werden.

Vertrauen und Autonomie stehen zueinander nicht im Widerspruch. Wenn das Kind Vertrauen haben kann, kann es auch seine Persönlichkeit entwickeln. Deshalb ist auch das Evangelium streng mit denen, die das Vertrauen der Kinder mißbrauchen. «Es wäre besser für ihn, das ihm ein Mühlstein um den Hals gehängt würde und er in den Fluten des Meeres versänke.» Unwillkürlich denkt man da an all die Kinder, die Opfer der Pädophilie und verschiedenartigster Sklaverei werden. Wenn Gott unser Vertrauen mißbrauchen würde, hätte er dasselbe strenge Urteil verdient. Aber würde dies dem Bild entsprechen, das sich die Christen von Gott machen?

Sich als Kind Gottes zu betrachten bedeutet, daß man die volle Verantwortung für die menschliche Entwicklung zu übernehmen bereit ist. So wie das Kind für seine Eltern kein Konkurrent ist, so läßt auch das Wirken des Menschen Gott nicht in den Hintergrund treten. Irenäus, Bischof von Lyon, sagte im 2. Jahrhundert: «Gottes Ruhm ist der lebendige Mensch.» Das Glück und der Stolz der Eltern besteht auch darin, durch eine gut zwanzig Jahre dauernde «Geburt», die nicht ohne Schwierigkeiten verläuft, menschliche Wesen zur Welt zu bringen, Frauen und Männer, die dieses Namens würdig sind.

II Öffnung auf die jenseitige Dimension hin

Die spirituelle Suche ist ein grundlegendes Charakteristikum der Menschen, seien sie nun Agnostiker oder Glaubende. Es gibt zwar im Westen eine Krise des religiösen Lebens, aber sie hat keine Krise der spirituellen Suche ausgelöst – im Gegenteil. Die Spiritualität könnte folgendermaßen definiert werden: Der menschlichen Ebene wird eine Dimension hinzugefügt, die über das Menschliche hinauszugehen scheint; wir nennen sie Transzendenz oder das Absolute. Zugleich ist aber diese das Menschliche offenbar übersteigende Dimension etwas zutiefst Menschliches, das in einer Kultur oder Geschichte verwurzelt ist und auf irgendeine Art in jedem Menschen spürbar ist. Wir sind endlich, sehnen uns aber nach dem Unendlichen. Die Religionen haben in bezug auf diese Dimension kein Monopol. Auch wenn sie diese in besonderem Maße vertieft und ihr einen Namen gegeben haben – «Gott» zum Beispiel.

Diese Suche steckt in der Hoffnung auf etwas Besseres, Zusätzliches, anderes, die jeden Menschen beseelt, oft gerade in der allergrößten Not. Mit dieser Hoffnung verwandt ist die Sehnsucht und Erwartung, welche die Adventszeit charakterisiert, die Wochen vor Weihnachten. Um auf diesen drängenden inneren Ruf besser antworten zu können, brechen Menschen zu einer Pilgerschaft auf, andere machen eine Wüstenerfahrung, nicht nur der Wüste als abgelegener und menschenleerer Ort, sondern der Wüste, die man durchquert, wenn alles, was sicher gewesen war, zusammenzubrechen scheint und man auf seine Fragen keine Antworten mehr erhält, ringsum Schweigen. Die christliche Fastenzeit erinnert an diese Durchquerung der Wüste, die in eine unsinnige Hoffnung mündet: der Sieg des Lebens über den Tod. Denn es ist nichts anderes als dieser Glaube ans Unglaubliche, das Jesus verwirklicht hat, der den Christen, den Jünger Jesu charakterisiert.

Die spirituelle Suche findet auch ihren Ausdruck in den Fragen, die sich die Menschheit immer wieder stellt. Welches ist der Grund unserer Existenz auf dieser Welt? Hat Gott vielleicht auch das Böse geschaffen? Hat man eine Seele? Worin könnte ein ewiges Leben bestehen? Alles Fragen, auf die man von einem Katechismus Antworten erwartet. Die jenseitige Dimension wird angenommen, aber man kann nicht von ihr ausgehen, um Antworten zu finden, die außerhalb der menschlichen Ebene liegen. Denn gerade hier wird diese Frage vertieft oder verwandelt.

Es ist also Zeit, sich in das Wesen des Christentums zu vertiefen. Wer ist Jesus von Nazareth, wie erkennt man ihn? Der spirituelle Inhalt wird überhöht und ausgeweitet, sobald er sich – durch Jesus von Nazareth – auf einen Gott bezieht, der uns aufruft, an seinem Leben teilzuhaben. Die Ausrichtung, die Jesus seiner eigenen Existenz gegeben hat, hilft vielen, für sich selbst einen neuen Sinn zu finden, und das Gebet, die Quelle, die im Inneren jedes Menschen murmelt, nimmt die Form an, die er uns gelehrt hat. Die Episode der Verklärung auf dem Berge will aufzeigen, daß der, der voll und ganz Mensch ist, von etwas beseelt wird, das sich jenseits des Menschlichen befindet.

Lassen wir uns am Schluß dieses Kapitels von einem Traum gefangennehmen, vom Traum eines Gottes, der zu uns kommt, um unter uns zu wohnen – vom Weihnachtstraum. Aber im Fest der Erscheinung des Herrn, das auf Weihnachten folgt, gilt die Manifestation Gottes allen *Völkern,* wir *sind also aufgerufen, diesen Traum Wirklichkeit werden zu lassen.*

Die spirituelle Suche: ein inneres Feuer

Der Mensch zeichnet sich durch seine geistigen Fähigkeiten aus: die Fähigkeit zu denken, zu wollen, zu lieben.

Die Intelligenz erlaubt uns, es nicht beim oberflächlichen Wahrnehmen der Personen, der Dinge und der Ereignisse bewenden zu lassen, sondern mehr von innen die Bedeutung, den Sinn und die Werte zu erfassen. Der Wille stellt die Verbindung zwischen unseren Gedanken und unseren Handlungen her; wir handeln nicht instinktiv, sondern versuchen, das Denken und das Tun in Einklang zu bringen. Indem man sich nicht (mehr) abkapselt, wird man mit den anderen solidarisch und erarbeitet eine Ethik, in der sich Freiheit und Verantwortung die Waage halten. Das Potential des Intellekts und des Willens erfährt seine Krönung in unserer Fähigkeit zu lieben.

Das sind die Fähigkeiten – nicht alle schöpfen sie gleichermaßen aus –, die die menschliche Person kennzeichnen. Das spirituelle Leben kann als inneres Feuer eines mit Bewußtsein und Freiheit ausgestatteten Wesens bezeichnet werden, mitten in einer Welt, die ständig auf der Suche ist nach Brüderlichkeit.

Allzu lange hatten die Gläubigen die Tendenz zu denken, sie hätten die Spiritualität gepachtet, weil sie diese mit der Religion in Verbindung brachten, einer Religion im Sinn von Gottesdienst, Riten und Sakramentenempfang. Heute wird uns besser bewußt, daß sie überall ist, in jeder und jedem, wobei die Modalitäten verschieden sind und zum Entdecken und zum Dialog aufrufen.

Die spirituelle Suche verbindet. Nach dem Austausch innerer Erfahrungen können wir den andern nicht mehr einfach nur von außen ansehen. So zum Beispiel, wenn wir uns bei einer Demonstration für die Rechte der Ausländer begegnen, wenn wir eine schwergeprüfte Familie begleiten oder an einer künstlerischen Darbietung teilnehmen. Viele unserer Zeitgenossen setzen sich für bedeutende Werte ein, Werte, die unsere Existenz betreffen, ob es sich nun um Gläubige, Agnostiker oder Atheisten handelt. So dringen wir zu den stärksten Inhalten unserer Traditionen vor, von denen das spirituelle Leben aller Menschen zehrt.

Das spirituelle Leben, das aus der Suche nach dem Sinn und der Auseinandersetzung mit dem Geheimnis des Menschseins besteht, ist beim gläubigen Menschen durch eine besondere Ausrichtung geprägt. In seinen Augen ist die Welt auf ein «Jenseits» hin offen, und das Wirken einer anderen, göttlichen Kraft ist in ihr wirksam.

Diese besondere Ausrichtung ist eine von innen heraus beseelte Innerlichkeit. Wenn Gott, wie der Gläubige denkt, im Herzen der menschlichen Existenz wohnt, entfaltet sich die Spiritualität im Gebet, das aus innerem Zuhören, aus Vertrauen und Dankbarkeit besteht. So wie Jesus, der nach den Aussagen des Evangeliums fortwährend in Verbindung war mit der in ihm wirkenden göttlichen Gegenwart und der sich zurückzog, um zu beten.

Die verpflichtende Hoffnung

Ohne einen Funken Hoffnung ist Leben kaum möglich. Man sehnt sich nach einem weniger mühsamen, glücklicheren Morgen. Man hofft, daß man eine Schwierigkeit überwinden, einer Prüfung entgehen kann, man erwartet eine Besserung der Lebensumstände für sich und die, die einem lieb und teuer sind. Man kann sich nicht an den Anblick verhungernder Kinder gewöhnen, an die Tatsache, daß es ganzen Regionen am Nötigsten fehlt, daß Völker sich gegenseitig umbringen…

Die Erfahrung lehrt uns, daß die Hoffnung mitten in der Prüfung, im tiefsten Elend erwacht. Wenn wir ganz unten sind, kann es doch nur noch aufwärts gehen. Im Laufe der Nacht sehen wir, wie es am Horizont dämmert.

Die in jedem Menschen vorhandene Spannung zwischen der Überzeugung, daß es anders sein könnte, zwischen einem Traum, einem erahnten Ideal und der gegenwärtigen Wirklichkeit, die oft schwierig, für einen selbst und für die anderen unerträglich ist, motiviert die Leute dazu, ihre Energien zu bündeln und sie für Hilfsaktionen und solidarische Bewegungen einzusetzen. Die Hoffnung ist ein wesentlicher Ansporn für Dynamik und Engagement. Sie bedeutet immer Kampf. Sie bedeutet, daß man die Bedrängnis durchsteht, ohne sich von ihr erdrücken zu lassen.

Die Zeugen der Hoffnung wissen, wovon sie reden. Sie haben es am eigenen Leib erfahren: Krieg, Gefängnis, Folter, Hunger, Exil, Krankheit… aber sie haben durchgehalten. Sie haben immer noch ihre Wunden, als wollten sie noch besser zum Ausdruck bringen, wie machtvoll das Leben und die Liebe sind. Dank ihnen ist der Glaube an die Zukunft noch möglich. Türen gehen auf. Es gibt keine ausweglose Situation mehr.

Diese für die menschliche Vitalität unerläßliche Hoffnung nimmt für den Christen eine neue Dimension an. Schon der Prophet Jesaia sagte: «Das Volk, das im Finstern wanderte, sah ein großes Licht...» Der Glaube bestärkt uns im Vertrauen, daß das Scheitern, das Leiden und selbst der Tod nicht das letzte Wort sind. Sie sind Teil einer Geschichte, die auf ein Jenseits hin offen ist.

Der christliche Glaube sagt uns auch, daß Jesus Christus in seiner Liebe mitten in unserem Leben gegenwärtig ist, nicht um den Lauf der Dinge zu ändern oder um an unserer Stelle einzuschreiten, sondern um uns liebend und vertrauend zu begleiten. In ihm weitet sich der Horizont, auch wenn die Wirklichkeit vielleicht im Moment äußerst schwer zu ertragen ist. Es gibt eine Zukunft, es gibt etwas zu tun.

Denn Hoffen bedeutet nicht einfach auf bessere Tage warten. Starke und lebendige Hoffnung gibt es nur im persönlichen Engagement, das uns dazu bewegt, gleich jetzt erste Schritte zu machen auf eine Besserung hin – auch wenn es bloß ganz kleine Schritte sind.

Die Hoffnung ist oft ein Gefühl, das nicht nur die einzelne Person, sondern eine Gruppe, eine Gemeinschaft, ein Volk beseelt. Sie verleiht unseren Anstrengungen, unseren Kämpfen Dynamik und Schwung. Ein Volk, das die Hoffnung auf bessere Zeiten in sich trägt, hat Zukunft – trotz allen Hindernissen. Pablo Neruda drückt es so aus: «Sie können alle Blumen abschneiden, aber niemals werden sie die Herren des Frühlings sein.» Und wie es durch das Leben und die Botschaft des Jesus von Nazareth bezeugt wird, gewinnt dieses Engagement noch an Dynamik, wenn es getragen wird durch den Glauben an einen Gott, der mitten in unserer im Entstehen begriffenen Welt gegenwärtig ist.

Die menschliche und die christliche Hoffnung begegnen sich so im gleichen aktiven Streben nach einer Welt mit mehr Gerechtigkeit, Solidarität und Geschwisterlichkeit.

Zeit der Vorbereitung: der Advent

Für die Vorbereitung auf das Weihnachtsfest hat die Liturgie vier Wochen vorgesehen. Vier Wochen, in denen sich zwei «Ankünfte» Christi überlagern: Er ist schon angekommen, als er Mensch wurde. Und er wird in Herrlichkeit wiederkommen. Die Christen bereiten sich darauf vor, die Geburt des Kindes von Bethlehem zu feiern, aber gleichzeitig richten sie ihren Blick auf die Zukunft, um die glorreiche Wiederkunft Christi zu erwarten. Es ist ein «Bereits da» und ein «Noch nicht». Alles ist vollbracht, und zugleich harrt alles noch seiner Vollendung. Um dem Geheimnis von Weihnachten näherzukommen, stellt die Liturgie die Person Johannes des Täufers in den Vordergrund, der von Gott gesandt wurde, um dem Herrn den Weg zu ebnen.

Die Adventszeit ist die Zeit der nie gestillten Sehnsucht, die uns dazu drängt, Dem entgegenzugehen, den wir ununterbrochen suchen. Wo ein Sehnen ist, da ist auch ein Weg.

Es ist nicht die Unruhe beim Warten auf einen Zug, der nicht kommt. Auch nicht das angsterfüllte Warten auf einen Menschen, dessen Leben in Gefahr ist. Und nicht die illusorische Erwartung derer, die für eine Vergangenheit leben, die längst dahin ist.

Es ist die freudige Erwartung der Eltern, die sich auf die Geburt ihres Kindes vorbereiten. Die Erwartung derer, die am dunklen Nachthimmel nach den ersten Anzeichen der Morgendämmerung Ausschau halten. Sie wissen: Das Tageslicht wird kommen, und wenn die Nacht noch so lang war. Es ist die Erwartung der Menschen, die in das Leben verliebt sind. Sie sind offen für das, was kommen wird, was kommen kann, für das Unerwartete, noch nie Dagewesene. Sie treten ins Abenteuer des Lebens ein.

Es gibt aber auch diejenigen, die vom Leben enttäuscht sind, sie erwarten nichts mehr von ihm. Von sich selber erwarten sie auch nichts mehr, von den andern auch nicht, weder von Gott noch von der Kirche oder der Gesellschaft erwarten sie noch etwas. Ihr Leben scheint stehengeblieben zu sein. In einem gewissen Sinn sind sie schon tot.

Wenn Gott zu uns kommt, um unter uns zu wohnen, dann bedeutet das einen totalen Neubeginn. Diese gute Nachricht verändert das Leben. Die Adventszeit ist die Zeit der immer möglichen Neuanfänge, unabhängig von unserem Alter und unserer persönlichen Situation. Gott richtet uns auf die Zukunft aus.

Der Advent weitet sich aus auf die ganze Menschheit. Eine große Hoffnung ist das: Eine neue Welt ist möglich. Unser geschundener Planet kann trotz Ungleichheit und Gewalt zarte Keime der Gerechtigkeit und des Friedens hervorbringen. Es gibt keine Fatalität. Wenn Gott in unsere Geschichte eintritt, eröffnet er eine Zukunft und weckt in uns die Bereitschaft zum Aufbruch.

Auf Pilgerschaft gehen

Heutzutage begeben sich viele Männer und Frauen jeden Alters mit dem Rucksack auf Wanderungen auf alten Pilgerwegen, zum Beispiel dem Jakobsweg nach Santiago de Compostela. Die Motivation? Religiöse Erfahrung oder einfach das Bedürfnis, Atem zu schöpfen. Wieder mit der Natur in Kontakt treten, den Sinn und den Reichtum seines Lebens neu entdecken. So wird eine große Tradition erneuert. Ihr Ursprung liegt für den Christen in der Wanderung des hebräischen Volkes durch die Wüste, um ins versprochene Land zu gelangen. «Mein Vater war ein aramäischer Nomade» steht im Deuteronomium, dem 5. Buch Mose, wo von Abraham die Rede ist. Der heilige Petrus ermahnt die Christen in seinem Ersten Brief, auf dieser Erde wie Reisende zu leben.

Die Pilgerschaft läßt den Menschen gewahr werden, daß das Leben eine Wanderung ist, ein physisches, psychologisches, moralisches, spirituelles Vorwärtsdrängen. So ist es für die Personen, aber auch für die Gesellschaften. Unser Leben stagniert und zerfällt, wenn es sich nicht immer mehr, vom Hauch des Geistes bewegt, für die großen Aufgaben der Gerechtigkeit und der Liebe einsetzt.

Die Kathedralen, die den Pilgern einst auf ihrer langen Reise als Orientierungspunkte dienten, waren oft an erhöhten Stellen erbaut worden, wie Jerusalem, die Heilige Stadt für Juden, Araber und Christen. Man nimmt nur das Wesentliche auf den Weg mit. Der lange Marsch ist nur möglich, wenn man sich vom Überflüssigen trennt. Die Pilgerschaft ist ein Hinaufsteigen zu den Höhen der Spiritualität und des Glaubens. Die heutigen Pilger sind nicht alle glaubende Menschen, aber sie versuchen alle, Ballast abzuwerfen, ihrem Leben, ihren Bestrebungen und ihren täglichen Verrichtungen mehr Sinn zu verleihen.

Sie brechen allein, zu zweit oder zu dritt auf und stoßen auf dem Weg oder am Etappenort zu anderen Pilgergruppen. Sie ermuntern einander und helfen sich gegenseitig auf diesem Weg, der zwar etwas sehr Persönliches ist, der aber auch Gemeinschaft schafft. Der Empfang beim Nachtlager bringt neue Begegnungen mit sich – wie die Etappenziele im Leben des Einzelnen, wo ihm Mut und Kraft zum Weitergehen gegeben wird.

Wanderung, Hinaufsteigen, Begegnung – die Pilgerschaft trägt dazu bei, dem alltäglichen Leben Sinn und belebende Kraft zu schenken.

Ein Paar, das schon wiederholt aufgebrochen ist, ohne Geld, mit dem Pilgerstab in der Hand, drückt es so aus: «Aufbrechen, nicht wissen, wo man übernachten, ob man essen wird, das stellt die grundsätzlichen Sicherheiten in Frage. Indem wir die Erfahrung unserer eigenen Zerbrechlichkeit machten, sie annahmen, anderen vertrauten, wenn es um unsere Grundbedürfnisse ging, das alles ließ uns unerwartete Erkenntnisse gewinnen. Das dauernde Leben in gewollter Unsicherheit lehrte uns, nicht gesuchte Unsicherheiten zu akzeptieren. Wir entdeckten, daß die Unsicherheit eine Quelle der Kreativität, der Solidarität, der Freiheit, des Lebens ist. In den Augenblicken, in denen unser Vertrauen am größten war, trotz der heiklen Situation, in der wir uns befanden, war unsere spirituelle Erfahrung am intensivsten. Und wir wurden sehr stark an die Aussagen der biblischen Texte erinnert, so daß wir glauben, an der Gotteserfahrung Anteil gehabt zu haben.»

Die Erfahrung der Wüste

Die Wüste ist weniger ein Ort, an den man sich hinbegeben sollte, als vielmehr ein innerer Weg, den man einschlagen soll. In die Wüste gehen, diese Erfahrung machen viele, ob Christen oder Nichtchristen. Wer hat nicht schon irgendwann mal in seinem Leben eine solche «Durchquerung der Wüste» machen müssen: die Wüste in der Stadt, in seiner Familie, im Krankenhaus…? Die Entdeckun der Einsamkeit, in der man sich ganz plötzlich befindet. In der Wüste wird man mit sich selbst konfrontiert.

Die Wüste ist ein Durchgang; bleibt man dort, so stirbt man. «Seine Wüstendurchquerung machen» bedeutet, daß es darum geht, eine schwierige, ja gefährliche Wegstrecke zurückzulegen. Man verläßt das, was man kennt und liebt, um an ein anderes Ufer zu gelangen. Das hebräische Volk wird in die Wüste geführt, damit es sich dort auf das Abenteuer der Eroberung des Gelobten Landes vorbereitet. Jesus wird vom Geist dazu gedrängt, in die Wüste zu gehen, das heißt: Er schlägt den Weg der Einsamkeit ein, der ihn bis in sein tiefstes Innere führen wird. Es ist die Stunde, in der er sich vor die schwerwiegendsten Entscheidungen seines Lebens gestellt sieht.

Wer in der Wüste ist, dem fehlen plötzlich die vertrauten Stützen: die Arbeit, die Gesundheit, der soziale Status, jemand, den man liebt. Auf einmal steht man allein da. Nichts bietet mehr Halt. Unsere Sicherheiten verflüchtigen sich, eine nach der andern. In dieser unvorhergesehenen Lage, in die man unversehens gerät, möchte man am liebsten zurück, aber das ist unmöglich. Man gerät in die

Versuchung, ohne Gott damit fertig zu werden. Wieso nicht ohne Ihn leben, ohne Ihn glücklich sein? Man hatte ja auf Ihn vertraut und jetzt, im Unglück, schweigt er.

Die Wüste ist nicht nur die Zeit der Prüfung. Sie ist auch und vor allem die Zeit, in der Gott in unserem Innersten zu uns spricht und uns Zeichen seiner Gegenwart wahrnehmen läßt. Eine Zeit der Wiederannäherung, der wiedergefundenen Jugend. Eine Zeit, in der wir aufgerufen werden, uns für andere Lebensinhalte zu entscheiden, andere Kämpfe zu führen, kurz: unser Leben neu zu gestalten. Es ergehen neue Aufrufe an uns, die unserem Leben einen neuen Sinn geben. Eine Zeit der Bekehrung, die uns für etwas öffnet, das wir uns gar nicht hatten vorstellen können.

Eintritt in die Fastenzeit

Der lateinische Name der Fastenzeit, Quadragesima, bezieht sich auf die vierzig Tage, die Jesus in der Wüste verbrachte, um sich vor seinem öffentlichen Auftreten auf seine Mission vorzubereiten. Diese vierzig Tage erinnerten ihrerseits an die vierzig Jahre dauernde Wanderung der Israeliten durch die Wüste, auf dem Weg zum Gelobten Land nach dem Ende ihrer Gefangenschaft in Ägypten. Für die Christen ist es heute die Vorbereitungszeit auf das Osterfest. In jedem dieser Fälle geht es um eine relativ lange dauernde Reifezeit, eine Vorbereitung auf ein wichtiges Ereignis, das eine radikale Wandlung herbeiführt.

Die Fastenzeit beginnt am Aschermittwoch, der so genannt wird, weil den Gläubigen Asche auf den Kopf gestreut wird… Die Worte, die diese Geste begleiten, erklären den Sinn der Handlung: «Bekehrt euch und glaubt an das Evangelium.»

Die Fastenzeit hat ohne Zweifel ihre soziale Bedeutung und die kollektive Dimension verloren. Vielleicht war es nötig, durch diese stark persönliche Phase zu gehen, in der die Christen eine Standortbestimmung vornehmen, um ihr Leben neu auszurichten? Wie dem auch sei, heute sind sie dabei, diese kollektive Bewegung wieder zu entdecken. Der Eintritt in die Fastenzeit erfolgt anläßlich einer Zusammenkunft. Die Einstimmung geschieht durch Worte wie die des Propheten Jesaja. Gerechtigkeit bedeutet: dem andern Platz machen, damit ein brüderliches Zusammengehen möglich wird. «Ladet die Hungernden an euren Tisch, nehmt die Obdachlosen in euer Haus auf, gebt denen, die in Lumpen herumlaufen, etwas zum Anziehen und entzieht euch euren Mitmenschen nicht. Dann wird euer Licht aufleuchten wie die Morgenröte (Jes 58,7ff.).» Deshalb werden Kollekten durchgeführt, um Projekte in der dritten Welt zu unterstützen. Zugunsten der Bedürftigsten wird an Fastenabenden gesammelt, und die Leute werden aufgerufen, ihrer Solidarität mit schwergeprüften Völkern Ausdruck zu geben.

Die Fastenzeit ist Zeit für den andern, aber auch Zeit für die persönliche Bekehrung. Durch das Hören auf Gottes Wort, das Gebet, die Aufrufe, die an uns gerichtet werden, wird unser Blick auf die andern und auf uns selbst ein anderer. Wir spüren stärker als vorher, daß Gott Barmherzigkeit ist und daß wir aufgefordert werden, ihn nachzuahmen.

Während vierzig Tagen bereiten sich die Christen so auf die Feier des Osterfestes vor in der freudigen Gewißheit, daß das Leben über den Tod triumphieren wird, die Liebe über den Haß, die Solidarität über den Egoismus.

Heute Christ sein!

Es ist erstaunlich: Heute noch bezeichnen sich Männer und Frauen auf der ganzen Welt aller Schichten als Christen. Sie berufen sich auf Jesus von Nazareth und seine Botschaft.

Gottes Atem belebte diesen jungen Juden, der im vollen Vertrauen zu dem lebte, den er «Vater» nannte. Er sagte: «Ich bin gekommen, damit sie das Leben haben und es in Fülle haben» – «Liebt einander, wie ich euch geliebt habe» – «Was ihr dem Geringsten meiner Brüder getan habt, das habt ihr mir getan». Wo er hinkam, heilte er die Kranken, öffnete den Blinden die Augen, brachte die Gelähmten zum Gehen, gab den Stummen eine Stimme, machte frei. Für die etablierte Macht war dies unerträglich. Man erledigte ihn, indem man ihn in Jerusalem unter Pontius Pilatus kreuzigte.

Die Christen glauben und verkünden, daß er von den Toten auferstanden ist und für immer bei Gott lebt. Sie lassen sich von seinem Leben und von seiner Botschaft inspirieren und entdecken nach und nach, daß Jesus für sie zum Weg, zur Wahrheit und zum Leben wird. Sie beziehen sich auf die Seligpreisungen des Evangeliums, Verheißungen des Glücks, die ihre Augen zum Strahlen bringen.

«Selig die Armen im Geiste, denn ihrer ist das Himmelreich» (Mt 5,3). Die «Armen in bezug auf den Geist»: In André Chourakis Übersetzung sind es die Gedemütigten, in der Bayard-Ausgabe die Atemlosen. Die Litanei des Glücks wird fortgesetzt: Freuen dürfen sich alle Trauernden, alle, die auf Gewalt verzichten, wer hungert und dürstet nach der Gerechtigkeit, wer barmherzig ist, die Friedensstifter…

Die Seligpreisungen der Bergpredigt, die sich an alle richten, fordern vor allem die Christen auf, auf Gott zu vertrauen und nach vorn zu schauen. Das Böse durch das Gute zu überwinden, sich für die Gewaltlosigkeit zu entscheiden, großzügig zu sein, ohne eine Gegenleistung zu erwarten, bei niemandem je die Hoffnung aufzugeben, gerecht zu sein, am Frieden zu arbeiten und den Feinden zu verzeihen.

Ein christliches Leben, die religiöse Praxis des Christen, besteht also darin, daß man im Geiste der Bergpredigt handelt, entscheidet, kämpft. Kein Christ ist von dieser Grundhaltung dispensiert. Sie muß unaufhörlich sozusagen neu erfunden werden in unseren Leistungsgesellschaften, welche Siegertypen fördern und zugleich Verlierer produzieren. Oft sagt man, man sei kein «praktizierender» Christ», aber die wahre Praxis ist eigentlich das gelebte Evangelium.

Es war zu keiner Zeit einfach, Christ zu sein. Die Gemeinschaft spielt da eine wichtige Rolle. Wie kann der Glaube vertieft und erneuert werden, wenn sich alle abkapseln? In der Gemeinschaft, wo das Teilen und das gemeinsame Feiern die Christen vereint, entdecken sie die Größe ihrer Sendung.

Freie Jünger

Christ sein, das bedeutet: bekennen, daß man ein Anhänger und Schüler des Jesus von Nazareth ist. Behaupten, daß wir ihm nachfolgen. Heute ist diese Haltung problematisch: Schüler sein, auch wenn es von Jesus ist, bedeutet das nicht Unterwerfung? Zieht das Meister-Jünger-Verhältnis nicht unweigerlich einen Freiheitsverlust nach sich? Bestimmt da nicht ein anderer über mich, selbst wenn es sich um mein intimstes Leben handelt?

Diese Frage verdient es, daß man ihr nachgeht. Sie ist berechtigt, weil es hier um etwas Kostbares geht: um unsere Freiheit. Wer auf seine Freiheit verzichten würde, wäre ein Sklave. Er wäre kein vollwertiger Mensch. Die kirchliche Hierarchie hat die Gläubigen manchmal wie Kinder behandelt, so sehr, daß in vielen Köpfen «gläubig sein» gleichgesetzt wird mit einer völligen Unselbständigkeit und der Unfähigkeit, selber zu entscheiden. Die Verantwortlichen wähnten sich im alleinigen Besitz der Wahrheit und entschieden, was für die andern gut war; diese Zeit ist um.

Heute steht die persönliche Verantwortung im Vordergrund, die Bedeutung des Individuums, die Selbstverwirklichung, die Rolle des Gewissens. Die Forderung nach persönlicher Authentizität führt dazu, daß keine fertigen, unabhängig von uns existierenden Wahrheiten angenommen werden; man schaut, ob und wie man sich diese Wahrheiten zu eigen machen kann. Konformität ist weniger wichtig als Authentizität.

Das Evangelium erscheint von Anfang an als eine Botschaft, die nicht von Zwang, sondern von Freiheit geprägt ist, die das Verantwortungsbewußtsein weckt und die Menschen nicht wie Unmündige behandelt. Jesus kommt, um uns von der Angst zu befreien: von der Angst, wir selber zu sein, von der Angst zu verlieren, zu scheitern, die Wahrheit zu sagen, von der Angst, sich zu engagieren und Risiken einzugehen, von der Angst, nein zu sagen. Alle diese Ängste, denen wir ausgesetzt sind, verhindern unsere Freiheit. Solange man Angst hat, ist man nicht frei. Aber wenn man frei ist, dann macht das Angst – paradox!

Jesus, der freie Mensch, hat die Revolte des Gewissens gepredigt. Er machte Angst, weil er die etablierte Ordnung störte. Die Machthaber konnten einen solchen Mann nicht länger reden und wirken lassen.

Im Roman «Die Brüder Karamasow» hat sich Dostojewski vorgestellt, daß Jesus mitten in der Inquisitionszeit nach Spanien kommt. Der Großinquisitor erkennt ihn sogleich und läßt ihn ins Gefängnis werfen. Er sucht ihn dort auf und sagt zu ihm: «Warum bist du uns stören gekommen? Denn du störst uns, das weißt du doch! Hast du vergessen, daß der Mensch den Frieden und selbst den Tod der Freiheit vorzieht, das Gute vom Bösen zu unterscheiden? Du hast an diese menschliche Freiheit geglaubt, statt sie zu beschlagnahmen. Du hast eine zu hohe Meinung von den Menschen, denn sie sind Sklaven, obwohl sie als Rebellen geschaffen wurden.»

Die Jünger Jesu wissen, daß die Freiheit etwas kostet und daß sie ein Kampf ist. Sie werden oft zum Zeichen, dem widersprochen wird, und zwar gerade auch innerhalb ihrer Institution. Da sie nicht Frauen und Männer sind, die sich anpassen, fallen sie auf. Aber wie könnten sie von einem Evangelium der Freiheit Zeugnis ablegen, wenn sie selbst nicht frei wären? So kommt es, daß die Botschaft nicht im üblichen religiösen Rahmen und an geschütztem Ort weitergegeben wird; es besteht so die Chance, daß sie von sehr vielen vernommen wird.

Gott erschafft die Welt von innen heraus

«Gott erschuf die Welt». Mit dieser Aussage glaubt man das Universum erklären zu können. Unsere westliche Logik wollte und will bei allem die Ursache finden. Gott wäre also die Ursache von allem, was existiert. Im Mittelalter wurden dafür sogar Formeln geprägt; man sprach von Gott als der ersten und letzten Ursache. Aber beim Studium der Natur haben die modernen Wissenschaften nur ein Chaos vorgefunden, das sich manchmal zu organisieren scheint.

Die Evolution sei, so heißt es, ein riesiges, auf Glück und Notwendigkeit beruhendes Spiel. Es ist unmöglich, hier das Ergebnis eines vernünftigen Planes zu erkennen. Man glaubt nicht mehr an den «großen Uhrmacher», auch nicht an den, der beim Big Bang am Anfang der Evolution die Zündung verursacht hat. Vom wissenschaftlichen Standpunkt aus erklärt die Behauptung «Gott erschuf die Welt» nichts.

Etwas anderes ist die Aussage «Gott erschafft» des gläubigen Menschen, der versucht, die Ursache der Existenz der Welt und unserer eigenen Existenzen in dieser Welt zu ergründen. Aber was bedeutet dann dieser Ausdruck? Er kann bedeuten, daß Gott aus dem Nichts erschafft (*ex nihilo*), wodurch er seine Allmacht manifestiert; oder daß Gott die Welt macht, also daß seine Gegenwart bei der Gestaltung der Welt wirksam wird. Er formt sie unaufhörlich, wie er in der Erzählung der Genesis den ersten Menschen aus Lehm formt. Gott wäre also nicht mehr außerhalb der Welt, der er zuerst durch ein Schnipsen zur Existenz verholfen hat, sondern im Innern der

Welt tätig. So wäre Gott nicht der Allmächtige, sondern der Gegenwärtige, der Nahe. Das In-den-Hintergrund-Treten seiner Allmacht bewegt seine Geschöpfe dazu, die Schöpfung fortzusetzen. Eine große Verantwortung, die einem heute mit dem Aufkommen des Umweltschutzes besser bewußt wird.

Dem Satz «Gott erschafft» liegt der Gedanke zugrunde, daß Gott die Welt und ihre Bewohner will, weil er sie liebt. Wir wären demnach nicht ohne ersichtlichen Grund von einem Weltbaumeister in die Welt geworfen worden, sondern um dort umgeben von der uns geschenkten Schöpfung glücklich zu werden. Jeder von uns wurde um seiner selbst willen gewollt und wird so geliebt, wie er ist. Dieser liebende Blick, der auf uns ruht, schenkt uns erfüllendes Leben.

Hier stellt sich natürlich die Frage: Wenn Gott das Glück seiner Geschöpfe will, warum läßt er dann das Böse zu, Krankheit und Tod? Der Glaube hat darauf keine fertigen Antworten. Die Nähe Gottes zu unserer Welt und zum Bösen, das sie enthält, ist in Jesus Christus offenbar geworden. In ihm ist Gott ein mit uns Leidender geworden, aber auch einer, der heilt und tröstet und uns dazu drängt, uns dem sinnlosen Leiden entgegenzustemmen und mutig gegen alle Formen des Bösen zu kämpfen.

Auch wenn der Mensch zur Schöpfung nicht genügend Sorge trägt und auch nicht in genügendem Maße gegen das Böse kämpft, wird Gott deswegen das Gefäß nicht zerbrechen, wie es der Töpfer tun würde. Gott läßt in seiner Liebe zu seiner Schöpfung nicht nach. Selbst wenn Trauer, Leid oder Haß dem Menschen tiefe Wunden zufügen, hört Gott nicht auf, die verwundeten Herzen zu formen und sie für die Hoffnung zu öffnen. Die Offenbarung des Johannes verspricht sogar eine neue Schöpfung, einen neuen Himmel und eine neue Erde.

Die Seele: Reden wir darüber!

Was ist die Seele? Das ist nun wirklich eine Katechismusfrage. In der Antwort auf diese Frage bemüht man sich, die Unterscheidung zu machen zwischen einem geistigen, von Gott geschaffenen Teil und einem materiellen Teil, dem Körper, den wir von unseren Eltern bekommen haben. Sicher kann man den Menschen nicht auf seine Körperlichkeit reduzieren. Das Bewußtsein, das er von sich selber hat, die Fähigkeit zu denken, sein Wille, die Freiheit, die er ausleben kann, die Gefühle, die er verspürt, all dies liegt auf einer anderen Ebene als die Körperorgane und -funktionen.

Es ist verständlich, daß die Philosophen der Antike diese Dualität des Menschen, die später das Christentum beeinflußt hat, betont haben. Aus dieser Sicht ist die geistige Seele rein, und der Leib ist unrein. Die Seele ist der Sitz der erhabensten Tugenden, so des Willens, in Freiheit nach dem Guten zu streben. Sie soll den Körper beherrschen und sich nicht von ihm versklaven lassen, sie wird als gut wahrgenommen, der Körper aber als schlecht. Die Seele ist es, die den Menschen Gott ähnlich macht, deshalb ist sie unsterblich, und der Leib ist sterblich, das heißt, der Tod wird durch die Trennung von Leib und Seele herbeigeführt.

Eine solche Sprache entspricht nicht mehr unserem Denken und unseren Erfahrungen. Wir wissen, daß man sein Denkvermögen und sein Gedächtnis verlieren kann, ohne deswegen zu sterben. Die Existenz der Tiere wirft auch Fragen auf: Was bewirkt ihren Tod? Haben sie etwa auch eine Seele? Wir kennen immerhin ihr

Wahrnehmungsvermögen und ihre Fähigkeit, sich mitzuteilen. Wo beginnt das spezifisch Menschliche? Auch in der Bibel ist der Begriff Seele nicht klar umschrieben, sie gebraucht verschiedene Ausdrücke, um dieses immaterielle Prinzip zu bezeichnen. Das Leben, das Herz, der Lebenshauch… Eines ist sicher: Es gibt keinen Widerspruch zwischen Seele und Körper, im Gegenteil, die Person ist eine Einheit.

Muß man weitergehen und sich überlegen, ob die Frage richtig gestellt ist? In der Tat: Die Person kann nicht ohne ihren Körper existieren, ohne ihre Nervenzellen, die ihr das Denken ermöglichen. Ohne das Gedächtnis, dank dem sie ihr Umfeld erkennt und weiß, wer sie selber ist, gibt es sie nicht. Der Körper ist nicht einfach nur ein dem denkenden Geist unterworfenes Werkzeug. Er ist auch nicht die Hülle der Seele. Er bedeutet die Fähigkeit, sich mitzuteilen, sich mit anderen zu verbinden, zu lieben; ohne Kommunikation und ohne Liebe existiert die Person nicht. Gemäß dieser Logik ist die menschliche Existenz nicht das Ergebnis der Erschaffung einer fertigen Person, die aus dem Nichts kommt. Sie ist das Ergebnis eines Prozesses, bei dem die Person sie selber wird – im Kontakt mit den andern und mit der Welt bildet sich ihre Identität heraus.

Der christliche Glaube steht nicht im Widerspruch zu diesem Menschenbild. Er sagt uns, daß Gott selbst Fleisch geworden ist. Er hat in Jesus Christus den menschlichen Leib angenommen. Und dieser Leib ist es, den Gott nach Jesu Tod am Kreuz auferweckt. Es ist das Pfand unserer eigenen Auferstehung. Im Credo bekennen die Christen ihren Glauben an die Auferstehung des Fleisches. Die Frage nach dem Wie bleibt bestehen, aber nach der christlichen Hoffnung geht es um die Auferstehung der Person in ihrer ganzen Fülle.

Das ewige Leben… ab heute

Was kann der Begriff «ewiges Leben» für ein menschliches Wesen bedeuten? Sein Ende ist ja unausweichlich, vorprogrammiert. Wie sollen wir uns ein solches Leben vorstellen, für uns Menschen, die wir eine Geschichte haben mit einem Anfang und einem Ende und dazwischen das, was uns zu dem werden läßt, was wir sind. Ein ewiges Leben: Für jemand, der denkt, daß nach dem Tod ganz einfach nichts kommt, ist es praktisch unannehmbar. Aber jeder Mensch spürt in sich den Drang, seine Grenzen zu überschreiten, die Sehnsucht nach etwas Größerem und Besserem, den Wunsch nach einem erfüllteren Leben; dieses Streben hat eine große Bedeutung für den Fortschritt und die Entfaltung der Menschheit. Und der Unterschied zwischen dem Atheisten, der «nicht an den Himmel glaubt», und dem Gläubigen, der daran glaubt, ist kleiner, als man denkt. Die Gewißheit des letzteren in bezug auf die Existenz des Himmels ist nicht größer als die Sicherheit des ersteren in bezug auf seine Inexistenz. Wir können uns noch so sehr anstrengen mit unserer Vorstellungskraft, auch mit wissenschaftlichen Spekulationen über Raum und Zeit und die Biologie, das ewige Leben kann nicht bewiesen werden. Es ist nicht etwas, was auf der Hand liegt. Es ist mit dem Glauben an einen Gott verknüpft, der uns nicht im Stich läßt. Der Glaube der Christen an ein Leben nach dem Tod gründet auf der Auferstehung Jesu. Gott hat seinen Sohn nach dessen Tod am Kreuz nicht im Stich gelassen, und so wird er auch uns nicht im Stich lassen. Dieses Leben kann man sich nicht verdienen, es wird geschenkt.

Wir können uns sogar die Frage stellen, ob es uns nicht jetzt schon geschenkt wird. Jedesmal wenn wir die Grenzen von Krankheit und Tod hinausschieben, wenn menschliches Leben bewahrt und entwickelt wird, wenn wir dazu beitragen, das Leben der Mitmenschen in wirtschaftlicher, sozialer, politischer und ökologischer Hinsicht zu verbessern, wenn wir gegen die Ungerechtigkeit und das Elend kämpfen, geben wir unserem endlichen Leben eine Dimension des Ewigen. Jedesmal wenn wir durch die Schönheit der Welt bezaubert werden, von der Güte der Menschen gerührt, durch Entdeckungen und Erkenntnisse berauscht, von der Zerbrechlichkeit der Kleinsten unter uns erschüttert werden, leben wir Augenblicke der Ewigkeit.

Dieses ewige Leben ist in unserer Menschlichkeit verborgen, wie ein winziges Senfkorn, das aber zum Wachsen bestimmt ist und zu einem großen Baum wird, in dem die Vögel wohnen können. Es beginnt sich hier auf Erden zu entwickeln, besteht nach unserem Tod weiter und entfaltet sich, ohne radikale Richtungsänderung, auch wenn es sich um eine neue Etappe des Lebens handelt, das nicht zerstört wird, sondern verwandelt. Es geht um das Leben, welches das ganze Wesen erfaßt, also um den Körper, in dem es sich konkretisiert, und um das Beziehungsfeld, ohne das wir nichts sind. Die geknüpften Bande, die erhaltene und geschenkte Liebe gehören wesentlich zur Person. Wir können nicht allein existieren, wir können nicht allein glücklich sein; zusammen werden wir ewig leben. Dieses Leben, das jetzt schon beginnt und unsere Hoffnungen, Entscheide, unsere Liebe und unseren Kampf prägt und eher unbegrenzte Sehnsucht denn Befriedigung und Erfüllung bedeutet, rechtfertigt das Attribut «ewig». Nicht als larvenhafte Existenz in «ewiger Ruhe», sondern als ein Leben in Fülle, an Gottes schöpferischer Aktivität teilhabend. Wir werden einen neuen Himmel und eine neue Erde schaffen, wie wir es jetzt schon erträumen, und «Gott wird alle unsere Tränen abwischen».

Obwohl die Ewigkeit manchmal in unserem Leben aufblitzt und es verwandelt, haben wir in bezug auf die Existenz eines solchen Lebens keine menschliche Gewißheit und können nur den Evangelien vertrauen. Jesus erscheint als derjenige, der das Leben beherrscht: «Ich bin das Leben» – «Mein Leben kann mir nicht genommen werden, ich habe die Macht, es zu geben» – «Wer an den Sohn glaubt, hat das ewige Leben». Seinen Weg als Mensch geht er bis zum Ende, bis ans Kreuz, und er behält sein Vertrauen, ohne Gewißheit zu haben: Vater, ich gebe meinen Geist, mein Leben in deine Hände. Wir können uns unsererseits nur die Worte des Apostels Petrus zu eigen machen: «Wohin sollten wir denn gehen, Herr, du allein hast Worte des ewigen Lebens.»

Hat das Christentum Zukunft?

Wir haben den 2000. Jahrestag der Anfänge des Christentums gefeiert. Chance oder Risiko? Feierliche Einführung ins Museum der Vergangenheit oder Öffnung auf die Zukunft hin?

Am Anfang dieser spirituellen Bewegung stand Jesus, ein Jude aus Palästina. Seine Botschaft und vor allem sein Lebensstil, seine Prinzipien und seine Art, dem Tod entgegenzutreten, sind in der Erinnerung der Nachwelt haftengeblieben. Durch ihn haben die Jünger eine Vorahnung bekommen, was der Mensch in seiner Ganzheit ist und wozu wir berufen sind: Geboren aus der Erde, wie er, sind wir wie er aufgerufen, uns über alles Irdische, das uns einengt, erheben zu lassen. Die in ihm wirkende Kraft nennen die Christen den Geist Gottes. Er ist «aus Gott geboren», wird von Jesus gesagt. Auch wir sollen «aus Gott geboren werden»; durch Jesus wird uns bewußt, daß «das Menschliche über das Menschliche hinausgeht».

Um Jesus näher zu bezeichnen, griffen seine Jünger auf einen Titel zurück, der für die Juden jener Epoche sehr viel aussagte: Messias – oder Christus. Seine Anhänger, die Christen, nannten sich so – in Anlehnung an diesen Titel Jesu.

Das Christentum ist also diese breite Bewegung von Frauen und Männern, die sich auf die eine oder andere Weise (und oft auf verschiedene Weise) auf Jesus Christus berufen.

Wie jede spirituelle Bewegung hat sich das Christentum organisiert, es wurde zur Kirche, eine Gemeinschaft von Glaubenden, die zusammen feiern und ihre Überzeugung auch weitertragen. Wie in jeder Institution gab es in der Kirche tragische Trennungen, es kam auch zu einer gewissen Erstarrung und sogar Versteinerung. Trotzdem hat das Christentum im Lauf der Geschichte ein außerordentliches Leben hervorgebracht.

Wird es weiterleben? Hat es eine Zukunft?

Das Christentum existiert nicht mehr, wenn es nur Vergangenheit ist. Es stirbt von dem Moment an, wo es sich nur noch durch seine Zugehörigkeit zu einer Gruppe, zu einer Struktur, zu einem Apparat definiert. Vielleicht stehen wir erst am Anfang dieses großen Abenteuers.

Wer ist Jesus von Nazareth?

Der christliche Glaube stützt sich auf Jesus von Nazareth, dessen Leben und dessen Botschaft uns vor allem durch die vier Evangelien überliefert worden sind. Matthäus, Markus, Lukas und Johannes bringen uns, jeder auf seine Art, den Juden aus einem kleinen Dorf in Galiläa näher, der im Alter von dreißig Jahren begann, eine Gute Nachricht, eine befreiende Botschaft zu verkünden und in die Tat umzusetzen. Zwar stand er in der Tradition des Gesetzes und der Propheten des Ersten Testamentes, aber er warf ein neues Licht auf diese Tradition und gab ihr eine in gewissem Sinne universale Dimension.

Männer und Frauen gesellten sich als Schüler zu ihm, beeindruckt durch die intensive Beziehung, die er mit jedem pflegte, vor allem mit den Bedürftigsten, denen er das Vertrauen und die Freude am Leben zurückgab, fasziniert durch die Tiefe und Kraft seiner Lehre, durch seine Art, zugleich Diener und Herr zu sein, durch die Zeichen der Befreiung, die er vollbrachte.

In den Augen seiner Jünger und der Menge in Galiläa und Judäa war er ein besonders wegen seiner außerordentlichen Menschlichkeit beeindruckender Mann, der eine anspruchsvolle Botschaft verkündete, in der die Gerechtigkeit und die Liebe im Mittelpunkt standen.

Sein Umfeld und in gewissen Momenten auch die Menge, die ihm zuhörte, nahmen im Menschensohn Jesus eine innige Beziehung zu Gott wahr, zu dem, den er Vater nannte: «mein Vater, der auch euer Vater ist» (Johannes 20,17). Er rief zu ihm, er zog sich in die Einsamkeit zurück, um zu beten, und zeigte so, wie sehr sein Wesen und seine Botschaft unter dem Einfluß des Geistes seiner Nähe zu Gott, seinem Vater, entsprangen.

Seine kompromißlose Haltung und seine befreiende, gegen starre Normen gerichtete Lehre mußte unweigerlich auf Opposition stoßen, vor allem von seiten der Hohenpriester, die in Jerusalem ein repressives Regime führten. Sein subversives Verhalten störte sowohl die Hohenpriester als auch die Römer. Nachdem er drei Jahre lang in der Öffentlichkeit aufgetreten war, wurde Jesus gekreuzigt und zu Tode gebracht.

Seine Anhänger, Frauen und Männer, waren vorerst am Boden zerstört nach diesem schändlichen Ende, aber mit der Zeit wurde ihnen bewußt, daß er lebte, daß er auferstanden war, immer noch gegenwärtig war, allerdings auf eine andere Art, über seinen Tod hinaus.

Nach und nach entwickelte sich bei denen, die ihn begleitet hatten, wie auch in den ersten christlichen Gemeinschaften die Überzeugung, daß Jesus besonders nahe bei Gott war, daß er von Gott gekommen war – daß er Gott war.

So sind seine Botschaft und sein Leben zugleich gänzlich menschlich und ganz von Gott geprägt. Ein Geheimnis, eine tiefe Wahrheit, die in zwanzig Jahrhunderten Christentum nicht ergründet wurde und bis zum Ende der Zeiten weiterbestehen wird.

Die aufgeschlagene Bibel

Was weiß man von Jesus von Nazareth, der vor zweitausend Jahren gelebt hat und auf den sich die große christliche Bewegung stützt, die sich auf der ganzen Welt verbreitet und die menschliche Geschichte nachhaltig geprägt hat? Vor allem all das, was uns die direkten Zeugen seines öffentlichen Lebens überliefern, sowie das Bild, das die ersten christlichen Gemeinschaften bewahrt haben. Jesus hat nichts aufgeschrieben. Zum Glück, denn wenn er schriftliche Texte hinterlassen hätte, wäre man an den verwendeten Worten klebengeblieben, so wie man versucht ist, die biblischen Texte wörtlich zu interpretieren, während sie doch einen solchen Reichtum enthalten, daß man ihren Sinn nie ganz wird ausschöpfen können.

Die vier Evangelien wurden mehrere Jahrzehnte nach Jesu Tod verfaßt. Sie beschreiben sein Wirken in Palästina, sein Verhalten, seine Lehre, gemäß den Erinnerungen der Evangelisten und ihres Umfelds. Hinzu kommen die Briefe, die einigen von seinen Jüngern zugeschrieben werden: Johannes, Petrus, Jakobus, Judas sowie die Paulus-Briefe, die in den Anfängen des Christentums eine große Rolle gespielt haben. Zusammen mit der Apostelgeschichte und der Offenbarung bildet diese Sammlung von Schriften das, was man das Neue oder – genauer – das Zweite Testament nennt. «Testament» als Zeugnis des Bundes, der, zuerst zwischen Gott und dem hebräischen Volk geschlossen, sich mit Jesus von Nazareth auf die ganze Menschheit ausweitete.

Alle diese Schriften sind das Werk von Juden, die tief geprägt sind durch die Texte, die am Anfang des jüdischen Volkes und seiner Religion stehen; diese bilden das Alte oder das Erste Testament – «Das Buch Israels», um Maurice Bellet zu zitieren. Es ist die Entdeckung des alleinigen Gottes. Ein Gott, der von jeglicher Knechtschaft befreit und uns auffordert, einander zu lieben und uns um die Schwächsten zu kümmern. Die Bibel mit ihren beiden Testamenten ist für die Christen das maßgebende Buch, auf das sie nicht verzichten können.

Jesus wollte keineswegs mit dem Judentum brechen, er lebte ja davon, so wie er wahrscheinlich auch keine Kirche gründen wollte. Aber indem er die große Botschaft der Befreiung, die das hebräische Volk in Bewegung gesetzt hatte, bis zum Äußersten entwickelte und selber verkörperte, hat er das Judentum «bis zur Glut gebracht», wie Bernard Chouraki schreibt. Das Zweite Testament kann nur als Fortsetzung des Ersten Testaments verstanden werden. So ist zum Beispiel jedes Wort des Vaterunsers oder des Magnifikats, des Lobgesangs Marias, dem Ersten Testament entnommen, aber in einer erweiterten und vertieften Perspektive.

Die Bibel wurde und wird immer wieder gelesen, allein oder in Gemeinschaft. Man würde dem Sinn der biblischen Texte nicht gerecht, wenn man den Kontext und die Epoche außer acht lassen würde. Auch wenn es heißt, daß der Glaube «Berge versetzt», ruft uns die Bibel doch eher dazu auf, uns persönlich zu engagieren, als ein Wunder des Himmels zu erflehen. Dies als einfaches Beispiel eines engagierten und überlegten Ansatzes. Beim gemeinsamen Lesen unter Gläubigen kann es immer wieder zur Vertiefung der Texte und zur unverhofften Entdeckung ihres Reichtums kommen. «Das Wort Gottes ist lebendig», sagt uns Paulus (Hebr 4,12).

Nebst der Tradition, die uns den Glauben von zwanzig Jahrhunderten gelebten Christentums übermittelt, kommt der Christ und kommen die christlichen Gemeinschaften immer wieder auf die allererste Quelle, die Bibel, zurück. Die biblische Botschaft bildet die Grundlage; ihr Reichtum ist nicht auszuschöpfen, und sie verlangt nach einer immer wieder neuen Lektüre im verschiedenen Kontext der Kulturen und der Zeiten. «Das Wort Gottes ist nicht in der Bibel, es ist zwischen der Bibel und dem Leser[1]».

[1] Christian-Bernard Amphoux, La Parole qui devient Evangile (*Das Wort, das zum Evangelium wird*), Le Seuil, 1993.

Auf der Suche nach dem Sinn

Wenn uns ein Gut fehlt, dann haben wir oft den Eindruck, sein Besitz würde uns das Glück bescheren. Tatsächlich zeigt uns das Fehlen bestimmter lebensnotwendiger Güter, daß wir uns in der Welt nicht zurechtfinden. Wir fühlen uns verloren, desorientiert. Unser Leben hat keinen Sinn.

Aber selbst wenn man alle möglichen Güter besitzt, kann einen das gleiche Gefühl befallen. Wozu all dieser Besitz? Wer sind wir? Die Unruhe hat lediglich eine andere Ebene erreicht. Was wir bräuchten, wäre ein endgültiges Wort, das uns die Sicherheit geben könnte: «Du wirst geliebt, unabhängig von dem, was du hast, was du schaffst, einfach bedingungslos, um deiner selbst willen».

Die Bibel übersetzt diese Suche: Eine herumirrende, desorientierte Gruppe sucht ein Land, wo sie endlich «zu Hause» sein kann. Nachdem sie es erobert hat, glaubt sie, eine adäquate politische Macht könne ihr den ersehnten Frieden sichern, aber die Geschichte offenbart ihr ihren Trugschluß. Die Religion? Vergeblich baut man sich einen Tempel, wenn die Rituale leer sind. Das Gesetz? Es wird zur erdrückenden moralischen Ordnung, wenn es ohne Herz gemacht wurde. Die menschliche Liebe? Immer schwierig und zerbrechlich! Man versteht den Verzweiflungsschrei des Weisen aus dem Buch Kohelet: «Es ist alles umsonst und Jagd nach Wind».

Die christliche Spiritualität hat in diesem verzweifelten Bekenntnis die erste Stufe des wahren Lebens gesehen; sie besteht darin, daß uns unsere Illusionen bewußt werden. Der Sinn kann nicht von außen kommen, sondern nur aus einem tiefgreifenden Wandel unserer inneren Ausrichtung.

Jesus bekräftigt: «Wer dürstet, der komme zu mir und trinke»; und «Ich bin das Leben». Für ihn ist das «Reich Gottes» ganz nahe: «Kehrt um und glaubt an die Frohe Botschaft». Diese ist eine Offenbarung, die den Weisen und Mächtigen entgeht, die aber denen zugänglich ist, die «von Herzen demütig» sind, denen, die dürsten nach dem einzig Wesentlichen: der Gewißheit, vom Vater geliebt zu werden.

Dank dieser Gewißheit war das Leben Jesu ein Leben in Fülle, aber er hat sich auch der Leere stellen können, der Ablehnung durch die Welt, dem Tod. Er lädt uns ein zu dieser Entdeckung, die es uns ermöglicht, eine Orientierung zu finden, einen Sinn. Dieses Vertrauen wird als geheimnisvoller Lichtstrahl uns befähigen, uns selbst zu lieben, weil wir bedingungslos geliebt werden. Durch den Tod unserer Illusionen bedeutet es auch die Öffnung zum anderen und die Erkenntnis des wahren Antlitzes Gottes.

Wird die Welt in ihrer jetzigen prekären Situation sich dieser Entdeckung des Wesentlichen öffnen können, indem sie die Frage nach dem Sinn richtig stellt? Falls ja, dann werden wir wahrhaftig leben. Alles andere wird uns dazugegeben werden.

Eine Quelle, die in uns murmelt: das Gebet

Auf der ganzen Welt «beten» Menschen, ob sie nun gläubig sind oder nicht. Sie beten in der Einsamkeit oder in der Menge, allein oder in Gemeinschaft. Sie haben das Bedürfnis, ihrem Leben und ihren Gefühlen eine größere Dimension zu geben. Sie wenden sich also an eine nicht näher bestimmte Gegenwart, die von einigen Gott genannt wird, oder lassen sich von dieser erahnten Gegenwart ergreifen. Das Gebet ist verschiedenartig: Es kann Lob und Dank ausdrücken, Freude oder Leid. In diesem Fall wird es zur Bitte, zum Flehen oder zum Aufbegehren.

Beim Beten werden oft Formeln rezitiert, die sich mehr oder weniger wiederholen. Je nach Religion kann es der Rosenkranz sein, Psalmen, Mantras, Suren... Oft ist das Beten an einen Ritus gebunden, das Gebet wird regelmäßig zu bestimmten Zeiten des Tages verrichtet. Für die Mentalität moderner Menschen erscheint dies manchmal als gedankenlose Leier oder als Flucht ins Irrationale. Diese Art von Gebet ist nur dann sinnvoll, wenn sie einen Gebetszustand stützt. Wenn der Moslem beim Ruf des Muezzins zu beten beginnt, dann tut er das nicht nur, um immer die Worte «Allah ist groß» zu wiederholen; es beginnt damit, daß er sich innerlich darauf vorbereitet, sich an Gott zu wenden. Beten setzt eine innere Einstellung voraus und ein Aufmerksam-Werden auf etwas, was unsere Handlungsweise bestimmt. Dieser Zustand beeinflußt die täglichen Verrichtungen und Gedanken und wird durch das erneute Beten reaktiviert und aufrechterhalten. Das letzte Ziel des

Gebets bleibt die ersehnte Vereinigung mit einer liebenden Gegenwart.

Kommt diese Bewegung vom Menschen oder von Gott? Ist es die Antwort auf eine Initiative, die von anderswo herkommt? Ist es ein tiefes Bedürfnis des Menschen? Aber woher kommt dann dieser Wunsch, diese nie versiegende Quelle in unserem Inneren? Das Gebet ist immer eine Antwort, Gott kommt uns zuvor. «Wir lieben, weil Gott uns zuerst geliebt hat» (1 Joh 4,19).

Eines Tages finden die Jünger Jesus betend, abseits der Menge. Sie fühlen, daß dieser Moment der Innerlichkeit für Jesus wichtig ist. Er steht mit seinem Vater in Verbindung. Es ist seine Atmung, sein Geheimnis. Vom Geist bewegt, ist Jesus ganz und gar bereit, die Liebe des Vaters zu empfangen. Er betet so, wie er liebt; es gehört zu ihm. Als Jesus zu Ende gebetet hat, sagt ihm einer von den Jüngern: «Herr, lehre uns beten» (Lk 11,1). Jesus lehrt sie nicht nur die Gebetsformel des Vaterunsers, sondern will sie zu einer Haltung hinführen, die durch die Bereitschaft zum Gebet geprägt ist.

Hie und da ist das Gebet ganz einfach eine stille Erwartung. Es ist ein Sich-Hineingeben in diese geheimnisvolle Gegenwart. Dieses stille Gebet, die Meditation der Mystiker, kann von großem Frieden und tiefer Freude begleitet sein, oft ist es aber auch einfach ein Verharren im Glauben angesichts des Mysteriums.

Das Gebet kann im Innern jeder glaubenden oder suchenden Person aufsteigen. Manchmal ist es das Ausdrucksmittel einer Gemeinschaft von Gläubigen: «Wo zwei oder drei in meinem Namen versammelt sind, da bin ich mitten unter ihnen» (Mt 18,20). Dann wird das Gebet oft zum Dank oder zum Lob, das durch den Gesang ausgedrückt wird. In unserem eigenen Inneren ist Gott so gegenwärtig, wie wir es nirgends sonst erfahren können. In unserem Inneren ist ein Weg, den wir einschlagen können. Das ist der Ursprung dieser versteckten Quelle, die in jedem von uns murmelt und in der die Christen die Stimme und das Wirken des Heiligen Geistes erkennen.

Eine seltsame Episode: die Verklärung

Drei Evangelisten berichten von dieser seltsamen Episode aus dem Leben Jesu, die man «die Verklärung» genannt hat, weil Jesu Angesicht zu leuchten beginnt und auch seine Kleider in blendendem Weiß erstrahlen. So erscheint er den drei Jüngern Petrus, Jakobus und Johannes, die er auf den Berg mitgenommen hat, um dort zu beten. Diese sehen auch Moses und Elias und hören eine Stimme, die bestätigt, wer Jesus wirklich ist, über sein Äußeres hinaus: «Dies ist mein Sohn, hört auf ihn.» Das Ganze spielt sich in einer bald lichterfüllten, bald dunklen Wolke ab. Dieses Ereignis ist mehr als ein meteorologisches Phänomen. Die Wolke drückt in der Bibel oft die Gegenwart Gottes – wie hinter einem Schleier – und die Gotteserfahrung aus.

Sicherlich haben unsere drei Freunde dort eine so tiefe innere Erfahrung gemacht, daß ihnen die Worte fehlen, um sie zu beschreiben. Sie sehen Jesus nun mit anderen Augen. Plötzlich sehen sie in ihm nicht mehr den Sohn des Zimmermanns. Sie werden in freudiges Staunen versetzt durch die Tatsache, daß er mit Moses, der sein Volk aus Ägypten befreit und ihm ein Gesetz gegeben hat, und mit dem großen Propheten Elias eine so enge Beziehung hat. Jesus ist selbst ein Befreier und ein Prophet, der die äußere und innere Befreiung bringt. Nach dieser Entdeckung möchten sie die Zeit anhalten, und sie schlagen Jesus vor, drei Zelte aufzustellen, eines für ihn, eines für Moses und eines für Elias.

Es ist interessant festzustellen, daß die einzigen Zeugen des Geschehnisses Petrus, Jakobus und Johannes sind, dieselben, die später auch Zeugen seiner Agonie sind, kurz bevor sein Gesicht durch Schläge, Dornen und Spucke entstellt wird: von der Verklärung zur Entstellung. Der Mensch, den sie dort sehen und wirklich entdekken, ist vielleicht das Abbild eines jeden Menschen. Die Verklärung und die Entstellung durch Krankheit, Alter oder Mißhandlung schließen einander nicht aus. Der von Gott gewollte Glanz scheint auch so durch. Wer von uns hat noch nie das Leuchten in den Augen eines Menschen gesehen, der durch eine Geste der Gerechtigkeit oder durch ein Lächeln in seiner menschlichen Würde, also in seiner Schönheit rehabilitiert wird? Wir alle machen die Erfahrung, daß eine Person, die wir zu kennen glaubten, den Rahmen dessen sprengt, was wir von ihr erfassen. Es ist, als würden wir dann merken, daß er oder sie nicht uns gehört, sondern Gott, der ihn oder sie liebt wie sein eigenes Kind, und das gibt jedem Menschen eine ganz andere Dimension, die uns mit Respekt erfüllt.

Trotz der Intensität der Erfahrung, die die Apostel auf dem Berge machen, sehen sie, nachdem die Stimme verhallt ist, nur noch Jesus allein, so wie er sich ihnen immer gezeigt hat, und vielleicht fragen sie sich, ob sie nicht geträumt haben. Erst nach der Auferstehung Jesu verstehen sie den Sinn: Jesus, den der Tod entstellt hat, offenbart in der Auferstehung die Liebe des Vaters. Sein Leib fürchtet den Tod nicht mehr. Er ist der Mensch in seiner ganzen Fülle, so wie Gott ihn will. Das ist die Gute Nachricht, die jeden und jede von uns betrifft und die zu verwirklichen wir aufgerufen sind. Die spektakuläre Entfesselung der Elemente läßt den Menschen nicht leben, man muß vom Berg herabsteigen und sich dem Alltag stellen. Es sind die Gesichter derer, die angesichts des Elends Mitleid zeigen und die durch die Größe und Würde des Menschen in ehrfürchtiges Staunen versetzt werden, welche heute etwas vom Licht der Auferstehung widerspiegeln.

Der Traum von Weihnachten

Das Weihnachtsfest ist eines der universalsten Feste überhaupt, und zwar wohl darum, weil es Groß und Klein, Gläubige und Ungläubige zum Träumen bringt. Bei uns sind die Weihnachtslichter nichts anderes als der Traum vom Licht mitten im dunklen Winter. Die geschmückten Tannenbäume wecken in der Zeit, in der die Vegetation tot zu sein scheint, die Sehnsucht nach Blumen und Früchten. Es ist der Traum von der Wärme in der frostigen Jahreszeit. Die *Bûche de Noël*, die Biscuitrolle von Weihnachten, war ursprünglich ein richtiges Holzscheit (*bûche*), das im Kamin brannte und Wärme spendete. Sie bleibt das Symbol einer angenehmen Temperatur, aber auch einer Atmosphäre, die von menschlicher Wärme und von Freude geprägt ist.

Man weiß, daß an diesem Tag die Last der Einsamkeit noch größer ist als sonst. Man gibt sich überall Mühe, alle am allgemeinen Freudenfest teilhaben zu lassen. Die Geselligkeit wird großgeschrieben in dieser Zeit, die Festessen in der Familie und unter Freunden häufen sich, an Weihnachten stehen lauter Köstlichkeiten auf der Speisekarte. Es ist auch ein Traum vom Frieden: Traditionsgemäß werden an Weihnachten alle Feindseligkeiten eingestellt.

Dieser Weihnachtstraum, diese Symbole und Wünsche sind nicht spezifisch christlich, sie haben einen universalen Charakter. Das Weihnachtsfest war in früheren Zeiten das Fest der Wintersonnenwende. Das christliche Fest bringt als neues Element die Geburt eines Kindes. Wer hat noch nie beim Anblick eines Neugeborenen geträumt? Was wird wohl aus ihm? Was wird er später machen? Alles scheint möglich für dieses neue Leben. Die Welt gehört ihm. Seine Eltern und Angehörigen sorgen sich um seine Zerbrechlichkeit und empfinden gleichzeitig Ehrfurcht vor seiner Zukunft, die sie übersteigt.

Für die Christen nimmt der Weihnachtstraum eine noch tiefere und wunderbarere Farbe an. Es ist der Traum von einem Gott, der zu uns kommt, unter uns wohnt. Kein einfacher Gesandter, sondern Gott selbst, der nicht so tut, als ob, und der seinen irdischen Weg als ganz kleines Kind beginnt wie wir alle. Er muß alles kennen von dieser Menschheit, damit sie durch ihn und nach seinem Bild neu geboren werden kann. Gott wird Mensch, um aus dem Menschen einen Gott zu machen. Für den glaubenden Menschen guten Willens kann dieses kleine Kind zum Licht werden, das die Welt auf eine neue Art erhellt, indem es der menschlichen Existenz einen tiefen Sinn verleiht. Es ist auch das Versprechen eines Überflusses, der alle unsere Erwartungen übersteigt und jeden Durst und Hunger stillen kann. Die Liebe, die es verkörpert, führt zu einer neuen Lebensweise im Frieden und im gegenseitigen Vertrauen. Das ist der Traum des christlichen Glaubens, für den viele ihr Leben geopfert haben, um zu bekräftigen, daß es nicht bloß ein Traum ist.

Die für alle Völker bestimmte Erscheinung des Herrn

Am Epiphaniefest wird, wie das Wort es aussagt, die Erscheinung Gottes gefeiert. Gott hat sich auf erstaunliche Art manifestiert, nämlich indem Jesus zu den Menschen gekommen ist. Es ist das Fest der Fleischwerdung Gottes. Gott hat unser Menschsein angenommen. Emmanuel: Gott unter uns. Es ist Weihnachten.

In der östlichen Tradition wird kein Unterschied gemacht zwischen Weihnachten und der Erscheinung des Herrn. Es ist dasselbe Ereignis. Im Abendland wurden daraus zwei Feste, die im Abstand von einigen Tagen gefeiert werden. Beim Fest der Erscheinung wurde, ausgehend vom Bericht des Evangelisten Matthäus, der Besuch der Weisen aus dem Morgenland in den Vordergrund gestellt – wahrscheinlich waren es Astrologen –, die den neugeborenen Jesus besuchen kommen. Die Volksfrömmigkeit machte sie zu Königen, zu Magiern und vor allem zu den drei Vertretern der damals bekannten Rassen: ein Schwarzer, ein Gelbhäutiger, ein Weißer, so daß dieses Fest der Erscheinung einen neuen Sinn erhält. Gott offenbart sich nicht nur dem Volk, das er für sein Kommen gewählt hat. Er kommt für alle. Die Gute Nachricht, daß sich Gott unter uns manifestiert hat, bleibt nicht nur einer Kultur, einem Volk oder einer Elite vorbehalten. Sie gilt jedem und jeder. Unerhört!

Heute noch kann jeder und jede erkennen, daß Gott sich unter uns zeigt: in der Lebensfreude, im Gerechtigkeitssinn, im menschlichen Suchen nach Fortschritt und Wahrheit. Diese Gute Nachricht verbreitet sich immer noch weiter, immer wieder werden neue

Facetten sichtbar. Jeder Mensch, der sie annimmt, bereichert sie durch seine Eigenart, die durch seine besondere kulturelle, soziale oder rassische Herkunft bedingt ist. So wie die Heiligen Drei Könige auf einem andern Weg heimkehrten, geschieht die Erscheinung, die Offenbarung Gottes auf neuen Wegen, durch neue Kanäle und erfährt so eine unverhoffte Färbung.

Das Kommunikationsmedium Internet ist einer dieser Wege. Es bietet Informationen, auf die alle nach Belieben Zugriff haben. Durch das Internet werden die Grenzen gesprengt. Die Manifestation Gottes erscheint noch einmal in neuem Lichte. In dem Maße, wie sie allen Völkern, allen Kulturen, allen Kommunikationsmitteln anvertraut wird, kann sie zu ihrer vollen Entfaltung gelangen.

III Orientierungshilfen zum Leben

Geschaffen, um miteinander zu leben, organisieren sich die Menschen in Gesellschaften. Sie geben sich Orientierungspunkte, setzen Leitplanken. Dies ist die Rolle der Politik sowie der zivilen und religiösen Institutionen. Gegenwärtig wird viel über die Orientierungslosigkeit der jungen Generationen gesprochen. Aber was lehnen sie eigentlich ab? Die starren Normen haben ausgedient, auch will man sich nicht mehr blind unterwerfen. Verbote werden abgelehnt, wenn sie als von außen auferlegt und aufgezwungen empfunden werden. Die hier vorgeschlagenen Orientierungspunkte sind anderer Art. Sie appellieren an die Verantwortung und an die Freiheit. Das menschliche Wesen in seiner Fülle wird zur Norm aller Normen. Jeder ist aufgerufen, sich beim Festlegen der Lebensregeln zu engagieren. Dies ist manchmal anspruchsvoller, sowohl für die Individuen als auch für die gesetzgebenden Instanzen, als sich damit zu begnügen, einem höheren Willen zu gehorchen.

Wenn wir nun dieses Kapitel mit der Moral beginnen, geschieht dies nicht, um alles im Namen einer höheren oder gar göttlichen Autorität zu reglementieren, sondern um zu zeigen, in welchem Sinn und Geist die zum Gemeinschaftsleben nötigen Gesetze und Vorschriften aufgefaßt werden sollen. Dann werden mehrere Aspekte der menschlichen Existenz beleuchtet, um den Werten oder Problemen auf die Spur zu kommen und zu versuchen, diese auf möglichst harmonische Art ins Leben zu integrieren. So erscheint, als Herzstück der familiären Bindungen, die Ehe als freiwillig eingegangene Verpflichtung – für die Glaubenden ein Schritt vor dem Hintergrund des Bundes, den Gott mit den Menschen schließt. In jedem Leben gibt es besonders schwierige Momente, beispielsweise wenn man sich vor die Frage gestellt sieht, ob man eine Abtreibung vornehmen lassen soll. Oder der Wunsch, über sein Lebensende durch Euthanasie bestimmen zu können. Herkömmliches wird durch neue gesellschaftliche Werte in Frage gestellt, zum Beispiel: Welchen Stellenwert hat heutzutage die Arbeit im Leben der Menschen? Von was für Kriterien soll man sich bei wichtigen Entscheiden leiten lassen? Eine perfekte Lösung gibt es nicht, und für seine Entschlüsse ist man in erster Linie sich selbst gegenüber verantwortlich. So ist unsere Handlungsweise wahrhaft menschlich.

Eine Gesellschaft muß mit einer gewissen Anzahl von Problemen fertig werden, aber in welchem Geist soll sie Gesetze erlassen oder Straftaten ahnden? Wie geht sie mit der Gewalt um, mit der sie konfrontiert wird, ohne in eine nie endende Spirale zu geraten? Wie soll sie sich gegenüber den Strömen der Einwanderer verhalten? Und was die Probleme auf Weltebene angeht: Was tun angesichts des rasanten Bevölkerungswachstums? Die «Konvivialität» sollte das Ziel sein, ein durch Fairness geprägtes Zusammenleben, und dazu dient die Politik. Diese sollte rehabilitiert werden, damit sie ihrer Rolle voll und ganz gerecht wird. Da jeder dabei Verantwortung übernehmen muß, stellt man sich die Frage, was die Autorität, die Macht, der Gehorsam usw. für eine Bedeutung haben: das Recht, nein zu sagen, ja sogar das Recht auf eine Zuwiderhandlung im Namen eines größeren Gutes. Jedes Gesetz und jede Ordnung steht im Dienste des Menschen und nicht umgekehrt; «der Sabbat ist für den Menschen da, nicht der Mensch für den Sabbat». Deshalb muß jede Strafe eine Tür auf die Zukunft hin offen lassen. Das rechtfertigt die Abschaffung der Todesstrafe. In zahlreichen Ländern wurde dieser Schritt vollzogen, es wurde so eine Schwelle überschritten. Dem Menschen die Zukunft nicht verweigern: das ist das Ferment jedes sozialen Lebens.

Moral in steter Wandlung

Heutzutage werden Menschen und öffentliche Instanzen oft mit noch nie dagewesenen ethischen Problemen konfrontiert. Denken wir nur an Aids, an die Pädophilie oder an den vor kurzem bekannt gewordenen Fall, wo einem Schwerbehinderten, den ein Arzt entgegen dem Wunsch seiner Eltern zur Welt kommen ließ, Schadenersatz zugesprochen wurde. Wenn eine neue Situation eintritt, kann man nicht mehr, wie früher in einer stabileren Welt, auf allgemeingültige Moralgesetze zurückgreifen, um zu entscheiden, was zu tun ist. Immer wieder muß man – mit der gebotenen Vorsicht – das Risiko eingehen, etwas Neues auszuarbeiten.

Die Anwendung der bestehenden Regeln, die man innerlich bejaht, mag im immer wiederkehrenden Alltag genügen. Wenn jedoch eine neue Frage auftaucht, für die wir über keine fertige Lösung verfügen, ist unser moralisches Bewußtsein besonders gefordert. Es sind dann nicht mehr feste Regeln, die uns leiten, sondern es ist eine innere Forderung, die unserem Gewissen entspringt, unserem Verantwortungsbewußtsein. Das Ergebnis sind nicht fertige Lösungen, sondern moralische Perspektiven, die es erlauben, auf die noch nie dagewesene Situation eine angemessene Antwort zu finden.

Wenn es sich um Probleme handelt, die uns direkt betreffen, ist es wichtig, daß wir zuerst ein wenig Abstand gewinnen von uns selbst und von unseren unkontrollierten Gefühlen, um klarer zu sehen.

Es ist in solchen Fällen gut, wenn man mit einer Vertrauensperson darüber redet, nicht um eine Antwort zu erhalten, sondern damit man alle Aspekte des Problems erfassen kann. Die Lösung eines Dritten ohne weiteres übernehmen (dieser Dritte würde übrigens in diesem Fall einen Fehler begehen) hieße, sich aus der eigenen Verantwortung zu stehlen. Vor allem wird es kaum gelingen, die Entscheidung konsequent umzusetzen; wahres Engagement ist nur dann möglich, wenn es eine persönliche Entscheidung ist, hinter der man voll und ganz stehen kann.

Es geht nicht darum, eine ideale Antwort zu finden, sondern möglichst gut alle verschiedenen, einander widersprechenden Elemente zu berücksichtigen, die die Komplexität einer Situation eben gerade ausmachen. Jede konkrete Lösung wird notwendigerweise eine Schattenseite aufweisen, die akzeptiert werden muß.

Dabei dürfen wir die großen gesellschaftlichen Probleme nicht außer acht lassen. Zu Unrecht überläßt man das endgültige Urteil über das, was gut ist und Gültigkeit hat, den «Experten». Diese sehen meistens nur ihr spezifisches Forschungsgebiet und sind nicht unbedingt die geeignetsten Personen, um die Einflüsse und Konsequenzen im konkreten Leben abzuschätzen. Letztlich braucht es das Urteil aller direkt Betroffenen, um Werte und Gesetze zu definieren, die das Leben in der Gemeinschaft bestimmen sollen. Gültige Verhaltensregeln können nur auf Grund der Erfahrung und der daraus abgeleiteten Bewertungen aufgestellt werden.

Inakzeptable Experimente sollen zwar vermieden werden, aber sollte man nicht die Zeit arbeiten lassen, damit nach und nach klar ersichtlich wird, was für die Menschen und die Gesellschaft konstruktiv und erfüllend ist? Die Gefahr sofortiger und kategorischer Urteile besteht. Wenn man a priori und zu schnell über neue Situationen urteilt, wird man ihrer Komplexität nicht gerecht.

Es ist übrigens nicht die vordringlichste Aufgabe einer echten Moral, das menschliche Verhalten zu reglementieren. Dies ist mehr das Gebiet der Rechtsprechung. Der Zweck der moralischen Erziehung ist nicht so sehr das Erlassen von Vorschriften, sondern das Übertragen von Verantwortung. Das Gewissen ist angesprochen, die Fähigkeit, selbständig zu urteilen und zu handeln, die Notwendigkeit, freie und doch verantwortungsvolle und solidarische Entscheidungen zu treffen. Es geht nicht so sehr um das, was man tun muß, sondern darum, daß wir nach und nach entdecken, wie wir handeln müssen, damit unser Verhalten nicht das der großen Masse, sondern wahrhaft menschlich ist. Und wenn es um die religiös inspirierte Moral geht, ist dies um so wichtiger, denn es sind freie, zur persönlichen Entscheidung fähige Menschen, die Gott, der Gott Jesu Christi, zu sich ruft. «Wenn man die Erfahrung gemacht hat, daß man von freien Menschen geliebt wird, kann man mit den Bücklingen von Sklaven nichts mehr anfangen», sagt Charles Péguy!

Die Ehe, Sakrament der Begegnung

Unter den wichtigen Wendepunkten des Lebens stellt der Beginn des Lebens zu zweit zweifellos eine entscheidende Etappe dar, die für die Christen in einer sakramentalen Feier ihren vollen Sinn erhält. Bei diesem bedeutenden Schritt ist es angebracht, der lebenspendenden Gegenwart Gottes, die unseren Alltag bis in die unscheinbarsten Kleinigkeiten prägt, in vermehrtem Maße bewußt zu werden. Wie sollte Gott, der die Liebe ist, sich nicht für das Leben von uns allen interessieren und für die Bande, die uns einen? Der Entschluß, ein Leben zu zweit zu beginnen, ist ein solcher Höhepunkt im Leben.

Die Ehe ist eine menschliche Einrichtung, die sich auf die von der zivilen Gesellschaft festgesetzten Normen stützt. Es ist also nicht die Kirche, die traut. Aber sie bekräftigt sozusagen dieses Engagement in einer sakramentalen Feier. Indem sie die eheliche Liebe feiert, verkündet sie, daß Gott Ursprung und Zentrum dieser Liebe ist, daß er sie belebt und ihre unendliche Dimension aufzeigt.

Das Sakrament der Ehe ist die Begegnung zwischen der liebenden, beglückenden Gegenwart Gottes und dem Liebesversprechen zweier Menschen, die sich vereinigen, um einander zur Entfaltung zu verhelfen, und die dank dieser gegenseitigen Hilfe zusammen Leben schaffen und Liebe entfachen können. Eine schöpferische Funktion, die sie nicht nur als Eltern der Kinder haben werden, denen sie das Leben schenken, sondern auch ganz allgemein als Menschen, deren Existenz von der Guten Nachricht Jesu beeinflußt wird.

Die Bekräftigung des Ehebunds vor der mitfeiernden und betenden Gemeinschaft ist zwar ein besonders feierlicher Akt; aber das Sakrament beschränkt sich keineswegs auf diese Feier am Anfang des gemeinsamen Lebensweges. Im Laufe ihres Lebens wird die Ehe der beiden Partner immer mehr zum Sakrament, und zwar in dem Maße, in dem ihre Liebe, vom Hauch des Geistes belebt, in ihrem Alltag Gestalt annimmt.

So besiegelt das Sakrament der Ehe, die Verbindung eines menschlichen Engagements mit der göttlichen Inspiration, den Bund zweier Menschen, die die Flamme, die sie beseelt, in der Familie leuchten lassen und in eine Gesellschaft hineintragen sollen, die eines solchen Ferments, einer solchen Solidarität besonders bedarf.

Wie steht es um die Familie?

Die Familie ist ein wichtiger Baustein der menschlichen Gesellschaft. Sie ist nun großen Veränderungen unterworfen. Heute hat nicht mehr jede Familie die Ehe als Grundlage. Durch Scheidung oder Trennung kommt es zu Einelternfamilien oder auch zu «Patchworkfamilien», also zu neuen Zusammensetzungen, die sehr unterschiedlich sein können, je nachdem, ob eine Ehe geschlossen wird oder nicht, und je nach Anzahl Kinder auf beiden Seiten, ihrem Alter und neuen Geburten. Eine neue, stabile Verbindung kann geschaffen werden, es kommt aber auch vor, daß diese Zusammensetzungen mehrmals ändern.

Trotz diesen auseinandergerissenen und auf verschiedene Art neu zusammengesetzten Gemeinschaften bleibt die Familie ein von den meisten Leuten verteidigter Wert. Durch die Krise gerät der klassische Familientypus in Gefahr; er stammt aus dem 19. Jahrhundert und ist für uns maßgebend. Die Familie war besonders durch die strikte Arbeitsteilung zwischen Mann und Frau und durch die sich daraus ergebende Abhängigkeit der Frau geprägt. Man kann daraus nicht ein absolutes Ideal machen. Wir erleben heutzutage nicht das Ende der Familien, sondern die Entstehung einer Vielfalt von Familien.

François de Singly weist darauf hin, daß «die Individuen an der Überzeugung festhalten, daß die Familie eines der idealen Mittel ist, um glücklich zu sein und sich selber zu verwirklichen». Die Familie, das Heim der Eheleute und ihrer Kinder bleibt der Ort der Geborgenheit, der bedingungslosen Liebe, wo man neue Kräfte tanken und sich entfalten kann. Alle neuen Familienformen streben – mit mehr oder weniger Erfolg – danach, dieses Ideal zu verwirklichen.

Die Krise, in der sich die Familie befindet, ist nicht darauf zurückzuführen, daß alle Werte verworfen werden, sondern darauf, daß neue, wichtige Werte entstehen, bedingt durch kulturelle Veränderungen, die das traditionelle Familienbild in Frage stellen.

So zum Beispiel der starke Drang nach Selbständigkeit und Freiheit. Die Person, Mann oder Frau, ist nicht nur durch soziale und familiäre Bindungen konditioniert, sondern möchte sich im Rahmen der gesellschaftlichen Zwänge einen Freiraum bewahren. Es ist ein menschlicher Wert, den man nicht nur achten, sondern auch fördern sollte.

Die medizinischen Fortschritte – die Sterblichkeitsrate bei Kindern ist klein, die Fruchtbarkeit kann man steuern – haben die Befreiung aus der Fatalität und die Möglichkeit eines verantwortungsvolleren Lebens gebracht. Es handelt sich um eine qualitative Veränderung des Verhaltens.

Die Welt ist in ständiger Bewegung, Schnelligkeit bestimmt die Zeit (alles geht rascher), gleichzeitig hat die Zeit auch eine Ausdehnung erfahren, da die Menschen älter werden – dadurch wird es schwieriger, seinem Lebenslauf zum voraus eine unabänderliche Richtung zu geben, dadurch werden auch vielfältigere Lebensabschnitte ermöglicht. Das Leben ist nicht mehr nach den alten Modellen vorgezeichnet. Parallel dazu entwickeln sich wiederum neue Werte: Anpassungsfähigkeit und Kreativität.

Die Erwartung von Glück und Selbstentfaltung, die in die Ehe gesetzt wird, sollte man nicht aus einem gewissen Realismus heraus abwerten, sondern im Gegenteil zu vertiefen suchen. Liebe,

Verliebtheit, ist eine Möglichkeit der Menschheit, Glück zu erfahren.

Und schließlich führen das Streben der Frauen nach gerechteren Beziehungen und einer besseren Aufteilung der Aufgaben und der Wunsch der Männer, aus ihrer sozialen Rolle außerhalb des Haushalts auszubrechen, zur Partnerschaft, die nötig ist, um die Familien von heute aufzubauen. Durch diese Bestrebungen wird auch der unangreifbare Wert der Arbeit aus wirtschaftlichen Gründen, welche die Beziehungswerte vernachlässigt, in Frage gestellt.

Die Entstehung dieser Werte verdient Respekt und Unterstützung. Dieser Respekt geht Hand in Hand mit dem Vertrauen, das dem Menschen geschenkt wird: Er ist fähig, neue Lösungen zu entdecken und sein Leben in eigener Verantwortung zu gestalten.

Die zivilen und religiösen Institutionen werden als Zwänge und Hemmnisse empfunden. Damit sie weiterhin im Dienst einer notwendigen Dauerhaftigkeit der Ehe und der Familie stehen können, müssen sie das Leben mehr als offene und entwicklungsfähige Geschichte sehen. In diesem Sinn soll auch die christliche Ehe verstanden werden.

Ein schmerzvoller Entscheid: die Abtreibung

Manchmal reden sie darüber, diese Frauen, diese Mädchen, die eine Abtreibung hinter sich haben und darunter leiden. Und zwar doppelt leiden.

In erster Linie innerlich: Obwohl sie dazu entschlossen war und sicher ist, daß sie keine andere Wahl hatte, überkommt die Frau, die eine Abtreibung hat vornehmen lassen, eine furchtbare Verzweiflung. «Etwas Schlimmeres kann einer Frau gar nicht passieren», sagte mir eine Neunzehnjährige. Dieses Leid kann nicht ignoriert, kann nicht ausradiert werden. Die Abtreibung hinterläßt eine Wunde; etwas wurde der Frau gewaltsam entrissen.

Ein weiterer Schmerz wird ihnen von außen zugefügt, durch die Verurteilungen der andern, der Hüter der Moral, der radikalen Abtreibungsgegner, der Anti-Schwangerschaftsabbruch-Kommandos, die sich sporadisch kundtun. In diesem Kreuzzug reichen sich extreme Rechte und religiöser Fundamentalismus die Hand. Mit aller Gewalt wollen diese neuen Kreuzritter den andern ihre Wahrheit aufzwingen – wahrlich eine erschreckende Vision. Es bringt Unheil, wenn man das Gewissen der Leute bevormunden will. Die bestehenden Gesetze aufheben zu wollen, wie dies in gewissen Ländern geschieht, ist ein gefährlicher Rückschritt. Unsere Gesellschaft hat die Pflicht, die illegalen – für die Mütter so gefährlichen – Abtreibungen zu verhindern.

Die Moral und die Aufrufe des Evangeliums geben uns Anhaltspunkte für die Gestaltung unseres Lebens und die Art, wie wir im Alltag die großen menschlichen und christlichen Werte verwirklichen können. Diese Unterstützung haben wir, aber letztlich müssen wir die Verantwortung für all die kleinen und großen Entscheidungen, die der Alltag fordert, selber übernehmen.

Es kann vorkommen, daß man mit außerordentlich komplexen Entscheidungen konfrontiert ist, weil verschiedene widersprechende Faktoren zusammenkommen, weil in der konkreten Situation verschiedenartige Lebenserfordernisse und Werte kaum oder überhaupt nicht miteinander zu vereinbaren sind. Auf diese Art kann sich das Problem der Abtreibung stellen. Sie unterbricht einen begonnenen Prozeß und bedeutet daher ein Scheitern, aber ist sie immer und in jeder Situation inakzeptabel?

Wenn man die theoretische Ebene verläßt und sich der gelebten Realität zuwendet, stellen sich einem entscheidende, berechtigte Fragen. Denn «*die* Abtreibung» gibt es nicht, sondern: Eine Frau, ein Paar wird gewahr, daß es, ohne daß sie es wußten, zu einer Zeugung gekommen ist, und nun fragen sie sich, manchmal voller Angst, wo nun ihre Verantwortung liegt.

Ist das menschliche Leben nur das Resultat eines biologischen Prozesses, oder erfordert es, wenn möglich vor der Befruchtung, aber jedenfalls wenn die Eltern sich der Zeugung bewußt werden, eine wohlüberlegte, freie Entscheidung? Ist jede Geburt wünschenswert, welches auch die Umstände sein mögen, auch wenn sie anderes, wofür man verantwortlich ist, gefährdet: die Ehe, die Kinder, die schon da sind, die Gesundheit der Mutter...? Hat es keinen Sinn, keine Bedeutung, wenn sich eine Frau (ein Paar) die Frage stellt, ob es klug ist, ja ob es legitim ist, den auf die Fertilisation folgenden biologischen Prozeß fortzusetzen, wenn sie glaubt, in ihrer spezifischen Situation nicht fähig zu sein, die nötige Zuwendung und Liebe für das (werdende) Kind aufzubringen? Ist es lebensfeindlich oder lebenswichtig, wenn man Werte, die in einer bestimmten Situation unvereinbar scheinen, abwägt und gezwungen ist, schmerzliche Entscheide zu fällen und Verzicht zu üben? Hier hat das Gewissen als letzte moralische Instanz zu entscheiden.

Es geht nicht darum, den Schwangerschaftsabbruch zu verharmlosen, dafür ist die Sache zu ernst. Darum ist es auch nötig, daß man die vielfältigen Fragen, die er aufwirft, nicht einfach vom Tisch fegt. Unter anderem die Frage, die immer unlösbar bleiben wird, nach dem Zeitpunkt, in dem man zur menschlichen Person wird.

Und wieso soll man sich allein auf diese Frage konzentrieren – die Problematik in Fragen des Lebens ist doch viel weitläufiger! In der heutigen Welt ist der Tod an vielen Orten auf vielfache Art gegenwärtig, und in diesen Fällen wären Aufmerksamkeit und Wachsamkeit mindestens ebenso nötig.

Kein Gesetz entbindet die Betroffenen von der Verpflichtung, die persönliche Verantwortung wahrzunehmen und auf die Stimme des Gewissens zu hören. Damit aber jeder zum Leben JA sagen kann, muß sich die Gesellschaft fragen, inwieweit sie dazu beiträgt, die soziale Gerechtigkeit zu verwirklichen, in welchem Maße sie solidarisch ist.

Die Euthanasie – über sein Lebensende bestimmen können

Die Euthanasie wirft heikle Fragen auf, denen sich die Gesetzgeber je länger, je weniger werden entziehen können. Wie soll man sich verhalten, wie soll man den Leuten beistehen, damit ihr letzter Lebensabschnitt menschenwürdig bleibt? Welche Hilfe soll man ihnen angedeihen lassen, welche Solidaritätsleistungen fordern, damit Frauen und Männer, deren Gesundheitszustand sich verschlechtert, weiterhin ein möglichst annehmbares Leben haben? Aber auch: Welche Maßnahmen sind zu treffen, in Grenzfällen, um eine solche Person vor denjenigen zu schützen, die aus Überdruß oder wegen der Aussicht auf ein erwünschtes Erbe den Tod beschleunigen möchten? Es sind dies verschiedenartige und komplexe Situationen, denen sich die für das Gemeinwohl verantwortlichen Personen zu stellen haben.

Die Fortschritte auf dem Gebiet der Pflege und die Bemühungen, diese Leistungen soweit möglich zu Hause zu erbringen, damit der Kranke nicht aus seinem gewohnten Umfeld herausgerissen wird, sind zweifellos positiv zu werten. Aber das alles beantwortet die wesentlichste Frage, die uns alle betrifft, noch nicht: Was ist der Sinn des Lebens, wie kann man den Wunsch zu leben, die Freude am Leben behalten, auch in schwierigen, schmerzlichen Situationen, besonders wenn sich der Zustand der körperlichen und/oder geistigen Gesundheit verschlimmert?

In unserer Zeit werden Vermögen, körperliche Schönheit, rücksichtslose Wettbewerbsfähigkeit und äußerliche Erfolge großgeschrieben – so sehr, daß man in Phasen, die schwer zu ertragen sind, versucht ist zu denken, das Leben habe keinen Wert mehr. Aber was macht das Leben sinnvoll und lebenswert, wodurch bleibt das Verhältnis zu sich selbst und anderen belebend, stärkend? Der Mensch behält seinen vollen Wert, seine tiefe Wahrheit, auch wenn die Gesundheit nicht mehr dieselbe ist und die Kräfte abnehmen.

Die Euthanasie wirft also vor allem die Frage nach dem Lebenssinn, nach der Lebensfreude auf. Humanwissenschaftliche Forschungen und religiöse Perspektiven können sich hier ergänzen und gegenseitig befruchten.

Es gibt allerdings Menschen, die gewissenhaft und verantwortungsbewußt über ihr Leben nachdenken und doch zum Schluß kommen, daß es für sie selber und für ihre Angehörigen nicht mehr zu ertragen ist. Soll man sie verurteilen, soll man ihnen verbieten, Schritte zu unternehmen, um ihrem Leben ein Ende zu setzen? Werden sie angesichts dieser Verbote wieder Freude am Leben bekommen und ihrem Leiden einen Sinn geben können?

Sicher muß die Gesellschaft einschreiten, um Mißbräuche zu verhindern und dafür zu sorgen, daß nicht willkürlich über das Leben anderer verfügt wird. Die entscheidende Frage bleibt aber bestehen: Kann der Mensch selber die Verantwortung übernehmen für die Art, wie er seine Existenz beendet und dem Tod entgegentritt? Ist dies gegen unseren Glauben an Gott, an seine fürsorgliche, alle umfassende Liebe, gegen die Achtung vor dem Leben, das er uns anvertraut hat, gegen die verantwortungsvolle Freiheit, die uns geschenkt wurde?

Denken wir zum Beispiel an jemanden, der an einer schweren Muskelkrankheit leidet und der in der Endphase sein Ende beschleunigen will, um nicht durch Erstickung zu sterben. Wird man im Wissen um die Möglichkeit und das Recht, in äußerst schwer zu ertragender Krankheit und Hinfälligkeit seinem Leben ein Ende zu setzen, die Freude am Leben verlieren und leichtfertig zu dieser Lösung greifen? Es kann doch auch sein, daß bei jemandem, der sich dieser Möglichkeit bewußt ist, der Wunsch zu leben im Gegenteil noch verstärkt wird, selbst unter schwierigen Umständen, nicht weil man dazu gezwungen ist, sondern durch eine persönliche Entscheidung. Die Freiheit ist diese außergewöhnliche Möglichkeit, autonom und engagiert zu handeln.

Der Wunsch zu leben, die Hinwendung zum Leben und zu den andern, in Beziehungen, die einen neu beleben – diese Haltung wird durch rechtliche, moralische oder religiöse Verbote nicht gefördert. Es ist zu befürchten, daß viele wegen der Bedrohung durch diese Verbote die letzte Phase ihrer Existenz nur noch über sich ergehen lassen, während sie dank einer persönlichen und freien Entscheidung diese eher mit echtem Leben erfüllen könnten. Ist es abwegig zu glauben, daß dies die Möglichkeit bieten würde, sich für das Weiterleben zu entscheiden, trotz allen Grenzen und Prüfungen, die man durchmachen muß, indem man dieser letzten Lebensetappe mehr Sinn und einen persönlichen Wert verleiht?

Ein anderes Arbeitsverständnis

Arbeit finden, seine Arbeit verlieren, seine Arbeitsstelle behalten... wie oft hören wir diese Worte, in denen die Hoffnungen und zugleich die Befürchtungen der Leute zusammengefaßt sind. Für die Jungen bedeutet Arbeit Unabhängigkeit und Selbstverwirklichung. Auch Zukunft. Die Arbeit wird als *die* soziale Anerkennung empfunden. Wie soll man sich ohne sie etwas aufbauen können? Durch die Arbeit erwirbt die Frau ihre Selbständigkeit. Die Gleichberechtigung hat dank ihr Fortschritte gemacht, auch wenn noch viel zu tun bleibt.

Die um sich greifende Arbeitslosigkeit wird als Bruch erlebt, als Sinnverlust. Für die jungen Leute ist sie im schlimmsten Fall wie ein Nichts, wie ein bodenloser Abgrund, im besten Fall wie eine Übergangszone, aus der man um jeden Preis wieder herauskommen muß.

Die Erwachsenen sind nicht weniger desorientiert. Bei einer Entlassung verlieren sie mit ihrer Arbeit zugleich ihre Identität. Sie hatten das beruhigende Gefühl, zu einem Unternehmen zu gehören wie zu einer Familie, zwar nur ein Rädchen im ganzen Getriebe zu sein, aber doch ein nützliches Rädchen, und nun werden sie zerdrückt, plattgewalzt. Plötzlich kommen sie sich überflüssig vor in einer Gesellschaft, die das Individuum oft genug nur nach seiner Rentabilität beurteilt.

Das Bild der Arbeit als Motor des Lebens scheint überholt zu sein. Durch die Entwicklungen, Umwälzungen und die wirtschaftliche Globalisierung ist alles anders geworden. Heute arbeitet man nicht mehr gleich und unter den gleichen Bedingungen wie zu Beginn des letzten Jahrhunderts.

Die Freizeit und das Familienleben nehmen mehr Raum ein. Die Zeit der Vollbeschäftigung ist vorbei. Man sucht nach einem neuen Gleichgewicht, eine neue Arbeitsauffassung ist am Entstehen. Vergütete Nachbarschaftshilfe und neue Stellen im Gesundheitswesen, in der Erziehung werden immer mehr gefragt sein. Alles muß immer wieder neu erfunden werden. Nichts ist für alle Zeiten fest und unveränderlich.

Die Arbeit darf nicht nur als wirtschaftlicher Faktor betrachtet werden. Es geht bei der Arbeit um die menschliche Tätigkeit insgesamt, Produktion, Instandhaltung, Kreation… Unter diesem Gesichtspunkt hat sie Ähnlichkeiten mit der Schöpfertätigkeit Gottes. Diese scheint dem Menschen übertragen worden zu sein, aber dadurch wurde ihm auch die Verantwortung übertragen für die Schöpfung und die andern Geschöpfe.

Seit kurzem ist dem Menschen auch seine Verantwortung für die Umwelt bewußt. Die Ausbeutung der Arbeiter wurde bereits früher angeprangert; heute wird die Ausbeutung der natürlichen Ressourcen kritisiert. Je länger, je mehr setzt sich die Überzeugung durch, daß Mensch und Natur im gleichen Boot sitzen. Das Ziel der menschlichen Arbeit ist es, etwas zu schaffen, nicht, etwas zu zerstören.

Man verdient seinen Lebensunterhalt, man macht etwas aus seinem Leben – das bleibt der Zweck der Arbeit, und dabei spielt auch der Profit eine nicht unwichtige Rolle. Diesem muß aber der richtige Stellenwert beigemessen werden. Nur so behält die menschliche Arbeit ihren Wert, kann sie die Zukunft der kommenden Generationen vorbereiten, indem die Entfaltung und das Überleben der Menschheit gesichert werden. Eine Gesellschaft, die nur der Rendite nachrennt, geht ihrer Seele verlustig. Und sie vergißt, was ihr eigentlicher Kampf sein soll, damit sie selber überleben kann: Der Mensch muß an erster Stelle sein.

Unterwegs im Unvollkommenen

Vielleicht verspürt jeder das Bedürfnis – und in der breiten Öffentlichkeit ist dieses Phänomen unübersehbar –, gewisse Personen aus der Masse hervorzuheben, so daß sie über alle Unvollkommenheiten unseres Lebens erhaben sind. Es ist die Intuition, daß die Menschheit viel mehr kann als das, was wir selber schaffen. So projizieren wir auf Personen, die im Rampenlicht stehen, ein Ideal, das wir nicht erreichen können, von dem wir aber träumen.

Bedeutet dies nicht, daß wir diese Personen aus dem gewöhnlichen Leben «herausholen» wollen, während wir selbst resigniert haben und in der Mittelmäßigkeit weiterleben?

Und doch sehnt sich jeder Mensch im Grunde seines Herzens nach Wachstum. Oft ist diese Sehnsucht durch bestimmte Lebensumstände und die Erziehung verschüttet oder gar erstickt worden. Man wurde zuwenig dazu ermuntert, mehr Selbstvertrauen zu haben, aus seinem Schneckenhaus herauszukommen, um mit anderen auf der Basis der Aufrichtigkeit und der Wahrhaftigkeit Beziehungen einzugehen; es fehlt vielen der Mut, an ihre eigene Fähigkeit, etwas Gutes zu schaffen, zu glauben. Oft genug wurde uns auch ein Ideal vorgehalten, dessen theoretische Vollkommenheit überhaupt nicht dem entsprach, was wir waren. Wenn wir uns dann umsonst bemüht hatten, es zu erreichen, verloren wir schließlich den Mut. Die Überbewertung des sogenannten Vollkommenen trug zu unserer Enttäuschung bei, wenn wir wieder auf die Wirklichkeit unseres eigenen Wegs zurückgeworfen wurden. Jesus hingegen – das zeigen uns die Evangelien – gab jedem Selbstvertrauen. «Steh auf und geh», sagte er zum Gelähmten. Und mehr oder weniger sind wir alle existentiell Gelähmte!

Man müßte – für sich selbst und um die andern besser akzeptieren zu können – vermehrt darauf hinweisen, daß der Weg der Unvollkommenheit unser tägliches Brot ist. Wir müssen unter oft schwierigen Umständen vorwärtskommen, den verschiedensten Bedürfnissen und Erfordernissen gerecht zu werden versuchen. Im Bewußtsein, daß das Bessere möglich ist, daß hier und jetzt ein Schritt nach vorne getan werden kann. Dann erwartet man von den andern nicht mehr, daß sie ohne Probleme und fehlerfrei seien. Und in sich entdeckt man durch dieses Vertrauen in die eigenen Möglichkeiten den Wunsch, besser zu werden, moralisch zu wachsen. Wenn das lähmende Schuldbewußtsein wegen der eigenen Fehltritte wegfällt, wird man wieder hellhörig für den Aufruf, das Beste, das in einem steckt, zu entfalten.

Erwarten wir weder von den andern noch von uns selbst eine Perfektion, die nie auf Anhieb möglich ist. Man ist auf dem Weg zur Vollkommenheit, man kommt ihr Schritt für Schritt näher, im eigenen Rhythmus, unterstützt durch die Aufmerksamkeit, die man den andern schenkt, und durch das Vertrauen, das uns geschenkt wird. So entwickelt sich wahres Verantwortungsbewußtsein, in einer im Entstehen begriffenen Welt, wo der Beitrag jedes einzelnen, welches auch seine Lebenssphäre und Tätigkeit sein mag, zu einem unentbehrlichen Glied in der Kette wird.

Wahrhaft menschlich handeln

Wer stellt sich diese Frage nicht? Denn nicht jede unserer Handlungen ist notgedrungen menschlich, dessen würdig, was wir sind oder sein könnten.

Wie viele Reaktionen sind rein instinktiv, unüberlegt, unpersönlich, diktiert von der Angst, vom übermäßigen Druck, der von der Umgebung ausgeht… oder sogar hervorgerufen durch den unnötigen Zwang der Werbung? Bin ich da noch ich selbst? Wo bleibt da meine Freiheit, zu entscheiden und Verantwortung zu übernehmen?

Ich möchte doch eine persönliche Existenz, ich möchte überlegt und verantwortungsbewußt handeln, selbständiger werden.

Selbständig sein bedeutet nicht, daß man sich isolieren soll, daß man niemanden sonst braucht. Meine Existenz setzt die Beziehung zu den andern voraus. Aber echte, anregende, belebende Beziehung gibt es nur, wenn ich meine Persönlichkeit nicht aufgebe und wenn auch die andern ihre Eigenart, ihre Andersartigkeit behalten können. Bei Diskussionen, gesellschaftlichen Konflikten, zum Beispiel wenn in der Arbeitswelt Sanktionen ergriffen werden, geht es nicht darum, den Reaktionen der Allgemeinheit zu folgen. Jeder einzelne muß sich einbringen, nachdem er sich überlegt hat, worum es eigentlich geht, was das Ziel und die Folgen sind. Die Beziehung, die Kommunikation, echter Dialog und eine solidarische Einstellung sind den Reflexen und dem Schwimmen mit dem Strom entgegengesetzt.

Selbständig sein, das heißt: selber mein Handeln bestimmen, meinen eigenen Beweggründen folgen. Der Grund meiner Handlung liegt in meiner inneren Überzeugung, auch wenn diese durch reelle Erfordernisse, die Gegenüberstellung verschiedener Ansichten und Sachzwänge beeinflußt wird. Meine Entscheidung habe ich zu fällen, nachdem ich diese verschiedenen Elemente berücksichtigt habe. Letztlich liegt die Entscheidung bei mir. Ich handle so und nicht anders, nicht weil man muß, sondern weil ich mich nach reiflicher Überlegung für etwas entscheide, von dessen Gültigkeit ich überzeugt bin. Meine freie Entscheidung verleiht der Handlung einen tiefen menschlichen Wert.

Man ist zuallererst sich selbst gegenüber verantwortlich, sich selbst muß man über seine Taten, seine grundlegenden Entscheide im Leben Rechenschaft ablegen.

Die Kraft der Gewaltlosigkeit

Die Gewalt ist überall: auf der Straße, im Fernsehen, in der Schule, auf der Autobahn... Daher der dringende Ruf nach Sicherheit. Die gewalttätigen Auseinandersetzungen zwischen den Völkern gehen weiter, und es kommt leider immer noch zu Religionskriegen. In den Ländern, in denen eine Diktatur herrscht, ist die Repression etwas Alltägliches, und die Folter wird häufig angewendet.

Gewalt wird ausgeübt durch die beherrschende Stellung der Reichen gegenüber den Armen. Geknickt durch eine institutionalisierte Logik der Ungerechtigkeit leben, überleben Millionen von Männern und Frauen in unmöglichen Situationen. Heute kann man nicht sagen, man sei nicht informiert. Man weiß es.

Wer erinnert sich nicht an dieses erschütternde Bild, das um die Welt ging: Ein junger Mann stellt sich der zum Tien-Anmen-Platz fahrenden Panzerkolonne entgegen. Eine unglaubliche Konfrontation. Der erste Tank steht still. Ein kleiner, unbewaffneter Mann bietet den Kanonen die Stirn. Es ist Frühling, wir schreiben das Jahr 1989. Dieser Unbekannte repräsentiert uns alle, mit unseren bloßen Händen, unserer Aufrichtigkeit, unserem Wunsch nach Frieden.

Die Gewaltlosigkeit ist nicht die Weigerung, uns zu verteidigen. Sie ist nicht mit Widerstandslosigkeit gleichzusetzen, erst recht nicht mit Passivität. Es ist eine Aktion, ein Kampf. Auf eine andere Art kämpfen, um die unvermeidlichen Konflikte des Lebens zu lösen. Man kann um Gerechtigkeit und Menschenwürde kämpfen, ohne zu hassen und ohne zu töten. Wir müssen durch Erfahrung lernen, daß wir die Gewalt, die wir gegenüber anderen ausüben, selber erleiden. Indem ich meinen Gegner vernichte, vernichte ich mich selbst.

Die Gewaltlosigkeit respektiert den Gegner. Sie will das Gewissen aufrütteln, das Herz berühren. Während die Gewalt immer gegen die Menschlichkeit ist und die zwischenmenschlichen Beziehungen pervertiert, stellt die Gewaltlosigkeit das Geflecht der menschlichen Beziehungen wieder her und schafft neue Verhältnisse zwischen den Personen. Es ist durchdachte Aktion, zielstrebiges Handeln, wobei auf eine Analyse der konkreten Situationen und der Kräfteverhältnisse nicht verzichtet wird.

Sie wendet Strategien an – Mittel, um sich unannehmbaren Situationen zu verweigern. Das Scheitern ist dabei immer möglich. Die Gewaltlosigkeit kann nicht alles lösen. Sie ist nicht die einzig mögliche Alternative zur Gewalt. Die Gewaltlosigkeit ist das gemeinsame Gut der Menschheit. Sie steht der Mehrheit zur Verfügung. Es ist die Waffe der Armen und der Schwachen. Keine Religion besitzt in dieser Beziehung das Monopol.

Man wird sich heute zum Glück bewußt, daß es eine Kultur der Gewaltlosigkeit braucht in den Familien, den Schulen, den Kirchen… Die Gewaltlosigkeit ist in erster Linie eine innere Haltung, eine Geisteshaltung. Man handelt so, weil man so *ist.* Gewaltlosigkeit läßt sich weder delegieren noch dekretieren. Es ist ein persönlicher Entscheid. Auch die Gesellschaft kann sich dafür entscheiden.

Den Fremden aufnehmen

Die Länder der europäischen Gemeinschaft verschärfen ihre Gesetzgebung in bezug auf die Ausländer. Durch repressive Gesetze werden diese zu Verdächtigen gestempelt. Gesetze, die sich in ihrer Anwendung oft als unmenschlich herausstellen.

Die Fremden ohne Papiere werden in die Verzweiflung getrieben und leben in fortwährender Ungewißheit. Als «Papierlose» existieren sie nicht, sie sind «Rechtlose». Wer kennt das Leid dieser Familien und Jungen, die umsonst alle administrativen Schritte unternehmen, um zu einem regulären Status zu kommen? Wer begreift ihre Angst, in ihr Land zurückgeschickt zu werden? In ihrer Verzweiflung besetzen sie Kirchen, treten in einen Hungerstreik, zögern nicht, ihr Leben aufs Spiel zu setzen.

Wer von der Polizei verhaftet wird, lernt die grauenhafte Isolation in Zentren kennen, in denen man vom Rest der Welt abgeschnitten ist. Mit Gewalt werden sie ins Flugzeug gesetzt, gefesselt, mit Klebstreifen ruhiggestellt, manchmal mit Drogen betäubt. Es hat dabei schon Tote gegeben. Ein Skandal ist das, eine Schande.

In einer schwierig gewordenen Wirtschaftslage ist die öffentliche Meinung den Fremden nicht wohlgesinnt, sie werden für alle unsere Übel verantwortlich gemacht. Ist die Tatsache, daß Fremde, meist Moslems, in Kirchen Zuflucht suchen, nicht ein an die Christen gerichteter Aufruf? Der Platz der Christen ist an ihrer Seite. Bevor der Fremde ein Problem ist, ist er ein menschliches Wesen. Bevor er ein «Papierloser» ist, ist er ein Bruder. «Ich war fremd, und ihr habt mich aufgenommen» (Mt 25,35).

Die Befreiung des Menschen ist eine wesentliche Botschaft der Kirchen. Und die Aufnahme des Fremden ist ein wesentlicher Bestandteil ihrer Tradition.

Die Bevölkerungsexplosion

Das schwindelerregende Wachstum der Weltbevölkerung stellt die Menschen vor ernste Probleme. Vor allem tritt beim Vergleich mit der dritten Welt die schreiende Ungerechtigkeit in der Verteilung der Reichtümer zutage. Aber es gibt auch die Unterschiede zwischen den Bevölkerungsschichten in ein und derselben Region. Unsinniger Luxus koexistiert mit der größten Bedürftigkeit. Ein anderer Umgang mit den Ressourcen drängt sich auf.

Aber selbst wenn jeder, wie groß oder wie klein seine Verantwortung auch sein mag, am Aufbau einer Welt mitwirken würde, in der endlich alle leben könnten, würde das Wachstum der Bevölkerung in zahlreichen Gegenden und für die Gesamtheit unserer Welt zu einem großen Problem werden. Sicher, theoretisch könnte unsere Erde noch mehr Bewohner beherbergen und ernähren. Aber der beschleunigte Rhythmus dieses Wachstums – die Weltbevölkerung hat sich zwischen 1930 und 2000 verfünffacht – erlaubt es nicht, nebst den notwendigsten Gütern auch die pädagogischen, kulturellen, sozialen Ressourcen sicherzustellen, die es für eine menschliche Existenz, die diesen Namen verdient, braucht.

Das «Wachset und mehret euch» der Genesis (1,28) muß heute in einer anderen Perspektive gesehen werden als zu Beginn der Welt, als es darum ging, die Erde zu bevölkern und sie fruchtbar zu machen, um eine menschenwürdige Existenz zu ermöglichen.

Bis vor relativ kurzer Zeit, und vielleicht heute noch in gewissen Regionen, war die Sorge um das Überleben der Sippe vorrangig, also mußte man zehn oder fünfzehn Kinder auf die Welt bringen, damit drei oder vier von ihnen das Erwachsenenalter erreichten. Heute ist für die Eltern – und das ist durchaus legitim – die Lebensqualität der Kinder wichtiger als ihre Anzahl. In einer immer komplexer werdenden Welt geht es nicht mehr nur darum, das biologische Leben zu sichern, sondern auch die Erziehung, die kulturelle Entfaltung, die Herzensbildung... Güter, durch welche die menschliche Existenz erst wertvoll wird.

In diesem Zusammenhang kann man sich fragen, ob die Geißel der Aidskrankheit von der Kirche nicht eine andere Reaktion verlangt als den Aufruf zur totalen Enthaltsamkeit. Sicher, so wird die Ansteckung verhindert. Wer es bei dieser einen Antwort beläßt, verschließt die Augen vor der Realität und läßt zu, daß sich die Krankheit ausbreitet, viel Leid bringt und großen Schaden anrichtet, unter anderem bei den Kindern, die schon vor ihrer Geburt angesteckt werden. Die Fortpflanzung, die sicher unentbehrlich ist, ist nicht die einzige Rechtfertigung der menschlichen Sexualität. Diese ist ein lebenswichtiges Element in den Beziehungen zwischen den Menschen, und zwischen Ehepartnern ist sie ein normalerweise unverzichtbares und kostbares Band. In den zahlreichen Situationen, in denen die Sexualität dem Wohl des Partners entspricht, ist es ein Akt der Gerechtigkeit und des Respekts, das Kondom zu benutzen, wenn Ansteckungsgefahr besteht.

In einem allgemeineren Sinn und ganz abgesehen vom Problem der Bevölkerungsexplosion drängt sich die Frage auf, ob es an den Religionen ist, einzugreifen und ganz konkrete Normen aufzustellen, um die vielfältigen und wichtigen ethischen Fragen der Gegenwart lösen zu helfen. Es steht ihnen zwar zu, auf die Gebote der Solidarität, der Gerechtigkeit und der Liebe aufmerksam zu machen, aber haben sie auch die Mittel – und das Recht –, um das menschliche Handeln in der heutigen Welt genau zu reglementieren? Um so mehr, als sie immer zum Absoluten tendieren und sogenannte definitive Normen festsetzen wollen – in einer Welt, die dauernd im Wandel ist, und für die verschiedensten Situationen.

Jesus hat zwar durch sein Leben – mehr als durch seine Worte – große Werte verkörpert, aber er hat sich nie für präzise Normen stark gemacht. Das ist es übrigens, was seiner Guten Nachricht noch nach zweitausend Jahren eine universelle Ausstrahlung verleiht.

Wir erwarten von den Religionen, daß sie die Diskussion in Gang halten und zu jeder Zeit und auch zur Unzeit, vor allem durch ihr Beispiel, die großen Perspektiven aufzeigen, die der heutigen Welt Sinn, humane Konsistenz und Lebensfreude geben. Eine solche Botschaft brauchen wir.

«Konvivialität» als Faktor des Lebens in der Gesellschaft

Vom Beginn des Lebens an möchte jeder anerkannt werden, sucht sich jeder seinen Platz als Person. Aber es ist wichtig, daß diese äußerst legitime Forderung sich nach und nach ausweitet auf die Anerkennung und Annahme der anderen, *aller* anderen. Wie kann man das, was man zu Recht für sich beansprucht, den anderen verwehren?

Die Rechtsgleichheit ist in einem demokratischen Staat ein wesentliches und lebensnotwendiges Erfordernis. Und Tag für Tag ist man dazu aufgerufen, für die Anerkennung der Rechte derer zu kämpfen, die am wenigsten haben, die ignoriert und zermalmt werden, wenn sie nicht durch staatliche Verordnungen geschützt werden. Die «Konvivialität» im Sinne von rücksichtsvollem, harmonischem Zusammenleben, die sich sehr konkret im Kampf um den Schutz der Rechte von jedem und jeder ausdrückt, schließt die Gesamtheit aller Verhaltensweisen ein, die das Leben in der Gesellschaft ermöglichen und es aufwerten. Das geht nicht ohne staatsbürgerliche Erziehung; wir alle brauchen sie.

«Konvivialität» ist die Grundhaltung des Menschen, für den das Wohl der andern, vor allem das seiner Mitbürger, untrennbar mit dem eigenen Wohl verknüpft ist. Das kann man lernen, das entdeckt man schon in den Kleinigkeiten des täglichen Lebens. Unser Verhalten hat Auswirkungen auf andere; durch diese Bewußtwerdung wird unser Gemeinschaftssinn geweckt und gefordert; vorerst geht es um Kleinigkeiten des Alltags, aber nach und nach wird einem klar, daß die Rücksichtnahme auf die anderen auch bei schwerwiegenderen Entscheidungen des persönlichen und gesellschaftlichen Lebens wichtig ist. Die Freuden und Schwierigkeiten der andern betreffen in einem gewissen Sinne uns selbst. So erwirbt man mit der Zeit die Sensibilität für die manchmal lebensnotwendigen Bedürfnisse jedes einzelnen.

Die «Konvivialität» hat zugleich eine politische Dimension. Sie setzt die Achtung der Rechte voraus, die gemeinsam zum Wohle aller festgelegt wurden. Sie erfordert auch einen aktiven Beitrag zur Weiterentwicklung der Gesetze, damit sie den neuen Situationen angepaßt werden. Denken wir an die Fremden unter uns, an die Ausgestoßenen, an die, die bei uns Zuflucht suchen, um den unmenschlichen Lebensbedingungen in ihrer Heimat zu entfliehen. Althergebrachtes Recht und Gesetze müssen im Sinne von mehr Menschlichkeit und Solidarität ständig neu überdacht werden.

Diese Aufmerksamkeit für die anderen ist der Ausgangspunkt und der Kern des moralischen Lebens. Unser Leben wird durch die Beziehung zu den anderen geprägt; unsere Entfaltung und unser persönliches Glück sind eng verflochten mit dem Wohlergehen der andern. Ist das nicht Jesu Aufruf, «seinen Nächsten zu lieben wie sich selbst»?

Die Rücksichtnahme auf den Mitmenschen, auf den, der anders ist, auf den Einwanderer, den Fremden ist mehr als Großzügigkeit und wird zur persönlichen Herausforderung, die einem selbst wiederum sehr viel zurückgibt, denn sie macht großherzig und befreit von allzu egozentrischen Sorgen.

Entweder wird das Leben zu einer zügellosen, ruhelosen Jagd nach persönlichen Vorteilen, oder es entfaltet sich zum Miteinander-Leben, wo das kleinliche Abwägen von Geben und Nehmen überwunden wird und Gerechtigkeit, Fairness und Solidarität zu bestimmenden Werten werden. So kann sich «Konvivialität» entfalten.

Die Politik rehabilitieren

Die Politik hat keinen guten Ruf. Die «Affären» haben negative Auswirkungen, wirken abstoßend. Die einander bekämpfenden Parteien sorgen für Verwirrung. Und die Informationsflut verschafft bei komplexen Zusammenhängen nicht immer den Durchblick. Das Gefühl der Ohnmacht, das einen dabei befällt, macht die Leute apathisch. Groß ist die Versuchung, sich überhaupt nicht dafür zu interessieren. Die geringe Beteiligung an den Wahlen ist ein Zeichen für dieses Desinteresse. Dabei steht doch unser gemeinsames Schicksal auf dem Spiel, das Funktionieren der Demokratie. Diese ist zwar unvollkommen, aber sie ist eine Chance, die man nicht ungenutzt lassen sollte. Die schlimmen Folgen eines totalitären Regimes, das sonst drohen könnte, sind aus der vergangenen und aktuellen Geschichte schließlich zur Genüge bekannt. Die Politik ist die Kunst des Möglichen. Sie kann nicht alles – und nicht sofort. Sie besteht aus Entscheidungen und Zugeständnissen. Was die öffentliche Meinung nicht verzeiht, sind faule Kompromisse.

Wie alle andern Bürger auch können die Christen der Politik nicht gleichgültig gegenüberstehen. Im Gegenteil, ihre religiösen Ideale drängen sie dazu, sich um das Gemeinwohl zu kümmern, um die Gerechtigkeit für alle, um die gegenseitige Liebe. Für sie sind die Sache des Menschen und die Sache Gottes nicht getrennt. Die beiden gehören zusammen.

Heute nimmt die Politik eine neue Dimension an. Die Überlegungen werden nicht mehr nur auf nationaler oder sogar kontinentaler Ebene angestellt, denn man hat gemerkt, daß die ökonomischen und ökologischen Probleme, der Friede, die Sicherheit und die bioethischen Fragen die ganze Welt betreffen. Die Globalisierung ist eine Realität, die man anzunehmen hat und die man weder idealisieren noch verteufeln sollte. In gleicher Weise wird den Leuten bewußt, daß die Rolle der Politik über die Regelung der alltäglichen Probleme hinausgeht. Jede Entscheidung sollte auf lange Sicht gefällt werden. Die Lebensbedingungen der kommenden Generationen stehen auf dem Spiel. Solche Überlegungen übersteigen natürlich den Rahmen der Politik um der Politik willen, wo es um die Interessen einer Gruppe oder einer Klasse geht. Die Politik sollte als kollektives Unterfangen angesehen werden, das einigen großen Prinzipien gehorchen sollte, die etwas zu tun haben mit der christlichen Philosophie: der Primat der Würde der menschlichen Person, der Wille zu dienen und nicht zu beherrschen, die Notwendigkeit, der Lebens*art* mehr Bedeutung zuzumessen als dem Lebens*standard* und den zwischenmenschlichen Beziehungen mehr Aufmerksamkeit zu schenken als der Anhäufung von Gütern…

Damit die Politik wirklich die Sache von allen werden kann, müssen die Möglichkeiten der Demokratie voll ausgeschöpft werden. Die Rolle der Bürger und Bürgerinnen – letztere sind in den politischen Führungsgremien noch zuwenig stark vertreten – ist es, ihre Sorgen und Nöte ihren gewählten Vertretern zu übermitteln. An der Wahlurne können sich die Bürger am effizientesten ausdrücken.

Die politisch Verantwortlichen müssen ihrerseits auf das achten, was die Basis sucht, was sie zum Ausdruck bringt, wie sie lebt. Ein Gesetz ohne breit abgestützten Konsens hat keine Tragweite. Die gesellschaftlichen Weiterentwicklungen sind also zu achten, denn man kann eine Gesellschaft nicht per Dekret ändern. Die Mentalitäten ändern und verfeinern sich durch einen gemeinsamen Prozeß, wo aufeinander gehört wird und wo alle, auf allen Stufen, mitreden können. So wird man die tiefgreifenden Reformen, die sich aufdrängen, durchführen und die Zukunft vorbereiten können.

Autorität und Macht

Die Autorität wird gemeinhin als «das Recht, zu befehlen und Gehorsam zu verlangen» definiert. Man ist weit entfernt vom ursprünglichen Sinn des Wortes *auctor*, das «Gründer, Initiator» bedeutete – eine viel reichere, mit Leben erfüllte Bedeutung. Eine «Autorität» sein heißt: zur Existenz, zur Entfaltung verhelfen, zum Wachstum und zur Verwirklichung einer Person oder einer Gruppe beitragen. Dazu braucht man keine Funktion, kein Mandat. Jeder kann das sein in seinem Umfeld, gegenüber den Menschen, mit denen er lebt, arbeitet, sich engagiert. Es handelt sich vor allem um die Art, wie jemand ist, um eine menschliche Qualität.

Jesus redete mit Autorität. Er hatte keine Macht. Aber die Art, wie er den Leuten begegnete, zum Beispiel dem Gelähmten oder der Samariterin, half ihnen auf die Beine, verhalf ihnen zu einem besseren Leben. Die Art, wie er den Blinden oder den reichen Jüngling ansah, hatte eine belebende Kraft. Durch seine Worte und sein ganzes Benehmen ermunterte Jesus jeden dazu, seine Selbstverwirklichung zu wagen, mehr er selber zu sein, und das gelang, weil der Betreffende sich geliebt fühlte.

Diese Fähigkeit, eine Entwicklung hervorzurufen, ist das Ferment des sozialen Lebens. Sie ist die Kraft zum Wachstum, die wir einander im täglichen Leben schenken. Sie ist der inneren Flamme zuzuschreiben, die jeder Mensch in sich nähren kann.

Anderseits haben wir alle, in größerem oder kleinerem Maße, eine gewisse Autorität und Macht, vor allem durch uns anvertraute

Funktionen. Zum Beispiel die Eltern gegenüber ihren Kindern, die sie «zur Welt bringen», die Lehrer, die Unternehmensleiter, die Vorarbeiter, die Beamten, alle, die für das Allgemeinwohl verantwortlich sind. Die Macht, die sie besitzen – sie ist nötig, damit ihr Handeln effizient ist –, ist auch eine gefährliche Waffe. Denn die Versuchung ist groß, die einem zur Verfügung stehenden Mittel unbewußt oder absichtlich in den Dienst seiner eigenen (psychologischen, finanziellen...) Interessen zu stellen, statt sie zum Wohl derer einzusetzen, denen man eigentlich dienen sollte (dazu hat man ja diese Macht).

Wachsamkeit ist deshalb angesagt, aber es sollte eine kritische und konstruktive Wachsamkeit sein. Es gibt zwar zahlreiche Mißbräuche, die heute von der Öffentlichkeit, von den Medien und der Justiz meistens aufgedeckt werden – dabei sollte aber das Gesamtwohl nicht außer acht gelassen werden. Es ist überhaupt wichtig, daß die verantwortungsvollen Funktionen, ob sie nun öffentlich sind oder eher bescheiden, die zum Wohl einer Familie, einer Gemeinschaft bis hin zur ganzen Welt beitragen, anerkannt und gefördert werden. Denn das Leben des Einzelnen und das allgemeine Wohl sind auf verantwortungsbewußte Autoritäten angewiesen.

Gehorchen und nein sagen können

«Gehorcht!» Das ist die Parole jeder Autorität, ob es nun diejenige der Eltern ist oder eine andere, zivile oder religiöse Instanz. Die Antworten variieren, es kann von der kindlichen Unterwerfung bis zur anarchischen Weigerung gehen; üblicherweise werden sie durch das Zuhören und den Dialog erarbeitet.

«Gott muß man mehr gehorchen als den Menschen», haben die Apostel den Behörden geantwortet, als diese ihnen ihre Predigten verbieten wollten, da diese die Ordnung störten. Jesus selbst hatte ja bewußt Regeln und Tabus gebrochen. «Der Sabbat (oder die Institution) ist für den Menschen da, und nicht der Mensch für den Sabbat.» So stellte er die einzig wahre Norm auf für Gehorsam und Ungehorsam: sowohl die Wahrheit Gottes als auch die Wahrheit des Menschen sind maßgebend, aber nicht die eine ohne die andere.

Das zur Institution gewordene Christentum entgeht der allen Institutionen eigenen Tendenz nicht, den Gehorsam zu verherrlichen und dem Ungehorsam mißtrauisch gegenüberzustehen. Aber wenn es lebendig sein will, muß es den Ungehorsam und die Übertretung akzeptieren.

Die etablierte Ordnung organisiert das Zusammenleben, aber sie kann das Leben nicht einschränken. Das Leben in der Gesellschaft sprengt immer den vorgesehenen Rahmen. Unvorhergesehene Ereignisse werfen die herkömmlichen Regeln über den Haufen.

Die Arbeitslosen und Ausgegrenzten, die sich am Straßenrand zusammenfinden, manifestieren die Existenz einer etablierten Unordnung. Die Personen und Gruppen, die dann den Mut haben, zu protestieren und im Namen höherer Werte den Gehorsam zu verweigern, handeln, weil sie prophetisch in die Zukunft schauen. So war es beim Aufruf zur Befehlsverweigerung, der an die jungen Franzosen gerichtet wurde, die in den Algerienkrieg ziehen sollten, oder beim Aufruf zum zivilen Ungehorsam, gerichtet an die Bürger, damit sie weiterhin Fremde ohne reguläre Papiere bei sich aufnehmen.

Der zivile Ungehorsam erfordert Verantwortungsbewußtsein, aber auch eine große Demut. Wenn er echt ist, kann dieser Ungehorsam zum Gehorsam werden, zum Hören auf den Ruf Gottes.

Zuwiderhandlung zum Wohl der Gemeinschaft

Das tägliche Leben wird durch Vorschriften und Gesetze bestimmt, Zivilgesetze, moralische und eventuell auch religiöse Verhaltensregeln, die grundsätzlich eine Schutzfunktion haben und ein konfliktfreies und möglichst harmonisches Leben in der Gesellschaft ermöglichen sollen. Wie alles von Menschen Gemachte sind diese Gesetze natürlich nicht vollkommen; den Gesetzgebern obliegt es, sie anzupassen und zu verbessern. Immerhin sind sie ein nützlicher, ja unentbehrlicher Rahmen für das persönliche und soziale Leben.

Wie sehr man diese Vorschriften in ihrer Gesamtheit auch achten mag, manchmal drängt sich eine Haltung auf, die oft falsch beurteilt wird: die Übertretung. Ein Wort, das für viele keinen guten Klang hat, denn es scheint die Unkenntnis, ja die Verachtung gegenüber den am meisten gerechtfertigten Gesetzen auszudrücken.

Übertretung heißt, im eigentlichen Sinne des Wortes, einen vorgezeichneten Weg verlassen im Bewußtsein, daß gewisse erlebte Situationen nach radikalen Veränderungen rufen. Im Kampf gegen schreiende Ungerechtigkeiten etwas tun, um Bewegung in die etablierte Ordnung zu bringen. In einem gewissen Sinn Vorarbeit leisten für eine Welt, in der mehr Rücksicht genommen wird auf die menschliche Person, vor allem auf die am meisten benachteiligten Menschen.

Überall wo Jesus hinkam, gab er den Menschen das Selbstvertrauen zurück, er half dem Gelähmten aufzustehen, er heilte die Kranken, und wo es nötig war, setzte er sich dafür auch über die bestehenden Gesetze hinweg, zum Beispiel über das Sabbat-Gebot. Das Gesetz, die etablierte Ordnung, hinkt dem Leben immer ein wenig hinterher. Wenn die Übertretung sinnvoll ist, bereitet sie eine unentbehrliche Entwicklung vor.

Gewisse Übertretungen sind kindisch oder geschehen aus jugendlichem Übermut. Andere haben insofern einen prophetischen Charakter, als sie, weit davon entfernt, sich auf eine negative Kritik zu beschränken, eine gerechtere, rücksichtsvollere Welt aufbauen helfen. Es braucht dazu eine klare Sicht der Dinge, aber auch den Mut, die Einsamkeit auszuhalten, weil es der herrschenden Meinung und den gegebenen Umständen zuwiderläuft. Auch Demut braucht es, denn erst die Zukunft wird zeigen, ob diese Übertretung konstruktiv war. Wie dem auch sei, es gilt, jetzt auf unannehmbare Zustände aufmerksam zu werden und in Anbetracht der momentanen Situation die nötigen Änderungen in die Wege zu leiten.

Jede Gemeinschaft, jede Gesellschaft, jede Kirche erstarrt, wenn es nicht Menschen gibt, die eine Vorreiterrolle übernehmen und trotz dem Unverständnis, der Ablehnung, ja manchmal sogar der Verachtung, die sie erfahren, einem Morgen den Weg ebnen, wo mehr Gerechtigkeit, mehr Respekt vor jedem Einzelnen herrscht.

Die Abschaffung der Todesstrafe: Eine Schwelle wurde überschritten

Im Jahre 1996 wurden in den USA 45 Personen hingerichtet. Im Jahr darauf fand in Arkansas eine dreifache Exekution statt, ohne daß dadurch in der Öffentlichkeit besondere Reaktionen hervorgerufen worden wären.

Die Strafe wird dadurch gerechtfertigt, daß die Opfer gerächt werden müssen. Die Zunahme der Gewalt in den Städten ruft nach der Anwendung der Talionslehre: Gleiches soll mit Gleichem vergolten werden. Die Zuflucht zur Todesstrafe verweist auf die Ängste der Bevölkerung.

Aber der Respekt vor den Opfern verlangt nicht, daß andere wegen der Forderung nach Vergeltung zu Opfern gemacht werden; dadurch entsteht eine Spirale der Gewalt, der man nicht mehr entrinnen kann. In einer Epoche, in der das Leben so leichtfertig vernichtet wird, ist es um so wichtiger, den Wert des menschlichen Lebens zu betonen.

Und so haben immer mehr Länder nach und nach die Todesstrafe abgeschafft: Man wollte eine Kehrtwendung machen, zeigen, daß eine Gesellschaft von Männern und Frauen fähig ist, sich nicht zu rächen. Um auf das fundamentale Recht auf Leben zu pochen. Um die Hoffnung zu bewahren, die im Herzen aller Menschen schlummert. Der Mensch ist immer größer als sein Verbrechen.

Für einen Christen sollte die Rache erst recht nicht der Beweggrund seines Handelns sein. Alles im Evangelium weist uns einen andern Weg. Der Glaube an einen Vatergott, der will, daß keiner verlorengeht, fordert uns auf, darauf zu vertrauen, daß für jeden Menschen, was er auch immer getan haben mag, trotz seinem Fehltritt oder Verbrechen, ein Neuanfang und eine Auferstehung möglich ist. Wollen wir dem Tod Vorschub leisten, während die unendliche Liebe Gottes jedem Menschen eine Tür auf die Zukunft hin offen läßt?

IV Glaubens-Klärung

Hier dringen wir bis ins Herz des christlichen Glaubens vor, ohne den Schwierigkeiten auszuweichen, die er mit sich bringt: das Kreuz, die Erbsünde, das Wunder, das Heilige, das Dogma… Es geht darum, die alten Formulierungen aufzubrechen, die ein heutiges Verständnis behindern. Wir werden hier aufgefordert, die Glaubensinhalte einer Klärung zu unterziehen. Die ehrliche Konfrontation des christlichen Glaubens mit der heutigen Wirklichkeit bringt einiges in Bewegung.

Die Offenbarung ist nicht in einem Text oder Buch eingeschlossen, sie ist die überwältigende Erfahrung von etwas, was das eigene Leben verändert; der Glaube ist nicht der Besitz einer Wahrheit, sondern wird begleitet und genährt durch Zweifel und Fragen. Ist das Kreuz nur unter dem Aspekt des Schmerzes zu sehen? Ist der Mensch auf immer in seiner Erbsünde gefangen? Angesichts dieser Fragen wirkt das Ereignis von Ostern wie ein Befreiungsschlag, der jede Fatalität durchbricht. Diese radikale Öffnung läßt keine einengende, normative Moral zu, sondern ruft nach einer Freiheit, die in Aufgeschlossenheit und Verantwortung gelebt wird. Maria erscheint in dieser Geschichte wie eine von uns, eine zutiefst menschliche und gläubige Frau.

Mit dem christlichen Glauben sind auch verschiedene heikle Fragen verbunden: die Wunder, die Heilungen, das Heilige, das Heil, das Böse, die ewige Strafe… Sollten wir in den Wundern nicht den immerwährenden Kampf gegen die Ausgrenzungen und gegen die Ängste sehen? Sehen wir nicht das Falsche als heilig an? Was entspricht dem Fegefeuer und der Hölle? Die Antworten, die durch die dogmatischen Definitionen gegeben werden, stammen aus einer andern Zeit und entstanden unter anderen Umständen, den heutigen Fragen werden sie kaum noch gerecht. Das Dogma hat dann eine Berechtigung, wenn es für den heutigen Menschen einen Sinn aufzeigt, aber nicht als Katalog von Glaubenswahrheiten, die man anzunehmen hat.

Ein derart geklärter Glaube öffnet einen Weg auf ein Jenseits hin, das überall dort erhofft wird, wo die geschwisterliche Liebe gelebt wird. Vor uns öffnet sich ein Reich, das unsere Grenzen sprengt.

Die Offenbarung, eine völlig neue Entdeckung

«Das war für mich eine Offenbarung!» Wer von uns hat das noch nie gesagt? Nach einem Ereignis – einer Begegnung, Erfahrung, Lektüre – sieht man plötzlich eine Person, das Leben, die Welt in neuem Licht. Es hat uns verändert. Das menschliche Wesen, der Einzelne wie auch die Gemeinschaft, macht während seiner Entwicklung immer wieder solche Entdeckungen.

Welcher Art ist diese Entdeckung? Die Wirklichkeit, die uns umgibt, hat sich nicht verändert; es ist die Art und Weise, wie man sie wahrnimmt, die sich verändert hat. Man entdeckt in ihr einen Sinn, der vorher verborgen war. Die Forscher machen diese Erfahrung, wenn sie eine Entdeckung machen. Die Psychoanalyse kann zu solchen Klärungen führen. Die alte Welt gerät ins Wanken, wird durch eine neue Vision ersetzt, die der Realität oft besser gerecht wird. Menschen, die solches erleben, brauchen für die Beschreibung ihrer Erfahrung oft die gleichen Bilder. Sie sagen zum Beispiel, es sei ihnen wie Schuppen von den Augen gefallen. Dies ist auch die Erfahrung der Bekehrung – die etymologische Bedeutung der «Konversion» ist Umdrehung, Umwälzung. Im Bericht über die Bekehrung von Saulus (Apg 9) ist das Licht, das ihn umstrahlt, so hell, daß er nichts mehr sehen kann. Später, so steht im Bibeltext, fällt es ihm «wie Schuppen von den Augen» und er kann wieder sehen.

Derartige Erfahrungen sind mit dem Eindruck verbunden, daß sie einem zufallen. Wie groß auch die Anstrengungen gewesen sein mögen, die man vorher unternommen hat, wie tief auch die Überlegungen, die man angestellt hat, das Ergebnis ist irgendwie unerwartet, es übersteigt die Erwartungen. Es ist ein Geschenk; diese Entdeckung haben wir nicht nur uns selbst zu verdanken.

Und obwohl sich nichts verändert hat, ist doch nichts mehr so, wie es vorher war. Es ist nicht mehr möglich, so zu denken und zu handeln, wie wenn diese Offenbarung nicht gewesen wäre. Es ist wie die Entdeckung einer neuen Spielregel, man kann nicht mehr so weiterspielen, als würde man sie nicht kennen. Die gemachte Erfahrung bringt neue Überzeugungen mit sich, die man mit seinen Angehörigen und mit seiner Umgebung teilen möchte. Manchmal ist die ganz persönliche Erfahrung nicht in Worten auszudrücken; es fehlen einem die Worte dazu, oder sie machen aus etwas Einzigartigem etwas Banales.

Die sogenannten Offenbarungsreligionen sind auf dieser Ebene entstanden. Männer und Frauen haben zu einem bestimmten Zeitpunkt ihres Lebens eine neue Art entdeckt, sich selber in der Welt – einem Absoluten gegenüber – zu verstehen. Diese Offenbarung haben sie spontan als ein Geschenk aufgefaßt, das sie Gott zugeschrieben haben: *Gott* offenbart sich! Sie haben diese Überzeugung, die sie aufleben ließ, weitergegeben. Einige haben sie öffentlich verkündet, haben versucht, mit Worten auszudrücken, was nicht in Worte gefaßt werden kann, wie die Apostel beim Verlassen des Abendmahlssaales, von denen einige sagten, sie seien «voll des süßen Weines». Eine solche umwälzende Erfahrung ist so wichtig, daß man versucht ist, sie in Formeln und Worte zu fassen, und diese verlieren dann mit der Zeit ihre Dynamik und unterlassen es, neu entstandene Realitäten einzubeziehen. Durch die dauernde Wiederholung werden sie ausgehöhlt, es sind nicht mehr Worte des Lebens.

Dieses Los blieb auch den Religionen nicht erspart. Sie hüten eifersüchtig ihre Offenbarung. Wenn die Offenbarung in eine Sammlung, in einen Katechismus, in ein gut verschnürtes Paket von unverrückbaren Wahrheiten verwandelt wird, wird die Offenbarung pervertiert, vor allem wenn diese im Namen Gottes aufgezwungen wird. Diese Offenbarung ist, wenn sie Gott selbst zugeschrieben wird, Öffnung auf das Unerwartete, noch nie Dagewesene hin. Die neue Art, sich selbst, die Welt, Gott zu sehen, muß, soll sie ihren Charakter behalten, dauernd aktualisiert werden. Nur so kann verhindert werden, daß das Licht wieder zur Dunkelheit wird, nur so kann es weiter strahlen, denn die Offenbarung ist längst nicht abgeschlossen, sie ist unaufhörlicher Aufbruch. Auch wenn die Offenbarung Gottes zu einem bestimmten Zeitpunkt durch Jesus erfolgte, wie die Christen verkünden, so erleuchtet uns doch das Licht dieses Ereignisses immer wieder neu.

Glauben: Erfahrung des Zweifels und des Vertrauens

«Ich bin gläubig, habe meinen Glauben». – «Ich bin nicht gläubig, habe meinen Glauben verloren». Merkwürdige Äußerungen! Was ist denn der Glaube? Etwa ein Besitz? Das Besitzen oder Nicht-Besitzen des Glaubens würde die Menschheit also in zwei Lager spalten: hier die Menschen, die glauben, dort diejenigen, die nicht glauben. Zwischen den beiden Kategorien wäre also eine unüberbrückbare Kluft des Unverständnisses. Das wäre eine falsche Sicht der Wirklichkeit. Die Trennung zwischen Glauben und Unglauben verläuft nicht zwischen zwei Kategorien von Menschen, sondern findet sich im Herzen jeder Person, ob sie nun gläubig ist oder nicht.

Man spricht zwar von den «Sicherheiten des Glaubens». Ist denn der Glaube nicht eher das Fehlen von Sicherheiten? Der fragende Zweifel ist dem Glauben nicht entgegengesetzt, sondern gehört grundlegend zu ihm. Er ist dieses Fehlen der Gewißheit, das einen dazu bringt, in der Unentschlossenheit Vertrauen zu haben. Wenn es Gewißheit gäbe in bezug auf die Existenz Gottes, auf ein Leben nach dem Tod, auf die unsichtbare und doch nahe göttliche Gegenwart, dann bräuchte es keinen Glauben. Dann wäre alles offensichtlich, und niemand hätte dann noch die Freiheit, zu glauben oder nicht zu glauben. Der Glaube hat mit Freiheit zu tun.

Insofern, als der Glaube nicht auf Beweisen und auf Offensichtlichkeit beruht, kann niemand sicher sein, die Wahrheit zu besitzen. Die Gläubigen verschiedener Glaubensrichtung und die Ungläubigen befinden sich also auf demselben Weg, demjenigen der nie vollendeten Suche. Sicher, die Frage, die jeder Mensch im Herzen trägt: «Wer bin ich? Was ist meine Bestimmung? Wozu das Leben, der Tod, das Böse, das Leid?» ist ein Anstoß zur Suche und macht offen für den Glauben. Aber wenn der Mensch aufhört zu fragen, befindet er sich nicht mehr im Glaubensprozeß. Wenn er glaubt, eine Antwort zu besitzen, *die* Antwort, läuft er Gefahr, auf die Abwege des Fundamentalismus und des Totalitarismus zu geraten, der nur noch *eine* Denkweise zuläßt.

Die Antworten, die der Glaube gibt (der christliche Glaube oder andere Glaubensrichtungen), setzen dem Fragen kein Ende, und die Tragik der Ungewißheit, vor allem was den Tod betrifft, bleibt bestehen; sie machen sozusagen mehr Appetit, als sie sättigen. Sie erlauben einem die Gratwanderung zwischen dem Gefühl der Sinnlosigkeit des menschlichen Lebens, das in den Wahnsinn münden kann, und der Einbahnstraße, die zu Unterdrückung und Kreuzzügen aller Art führt.

Glücklich der Mensch, der auf diesem mühseligen Weg die Erfahrung einer geheimnisvollen Gegenwart macht. Aber selbst diese Erfahrung ist vergänglich und ungewiß. Die Mystiker reden mehr von der undurchdringlichen Nacht des Glaubens als von dessen Gewißheit.

Das Leiden

Als der Erzbischof von Paris, Kardinal Veuillot, am Sterben war – seine Krebskrankheit war mit unsäglichem Leiden verbunden –, soll er den Priestern, die ihm beistanden, gesagt haben: «Reden Sie nicht vom Leiden, man weiß nicht, was es ist.» Ein Wort, das direkt aus der Erfahrung fließt und sich gegen besänftigende und moralisierende Reden verwahrt.

Es stimmt, daß von seiten der Kirche oft betont wurde, das Leiden habe schon seinen Sinn, man müsse es annehmen und alles erdulden, um sein eigenes Heil zu erlangen und auch um das Heil unserer Brüder und Schwestern willen. Dann besteht allerdings die Gefahr, daß das Leiden zum Selbstzweck wird und daß es als Weg zum Heil geradezu gesucht wird.

In den Evangelien sehen wir, wie Jesus das Leiden bekämpft, nicht, wie Jesus das Leiden sucht. Als er im Vorbeigehen einen Mann sieht, der von Geburt blind ist, fragen ihn seine Jünger: «Rabbi, wer ist schuld, daß er blind geboren wurde? Wer hat hier gesündigt, er selbst oder seine Eltern?» Jesus antwortet: «Weder er noch seine Eltern.» Und er heilt den Blindgeborenen.

In seiner Leidenszeit, die mit dem schrecklichen Tod am Kreuz endet, gibt Jesus zu verstehen, daß es die Liebe ist, die rettet, nicht das Leiden. Am Kreuz verzeiht er seinen Henkern. Wir sind nicht geschaffen, um zu leiden, sondern um zu lieben. Und wenn wir leiden müssen, dann ist es wiederum die Liebe, die unserem Leben Sinn und Wert verleiht. Die schmerzlindernden

Mittel und Maßnahmen sind heute ein eindrückliches Beispiel dafür.

Oft werden wir mit dem Leiden anderer konfrontiert. Täglich präsentieren uns die Medien Bilder von Verletzten und Toten, Opfer von Verkehrsunfällen, Naturkatastrophen, Hungersnöten, Seuchen wie zum Beispiel Aids. Die leidende Welt haben wir Tag für Tag vor Augen. Aber die Augen sind nicht dazu da, um weit weg vom Herzen zu bleiben. Und das Leiden ist nicht dazu da, um zur Schau gestellt zu werden. Es appelliert an unsere Solidarität, damit wir uns unverzüglich daran machen, es zu bekämpfen.

Erbsünde – angeborene Ambivalenz

Meistens wird einem gesagt, die Erbsünde gehe auf das erste Menschenpaar zurück, auf Adam und Eva, die Gott nicht gehorcht hätten. Zur Strafe sei die ganze Natur verdorben worden. Krankheit und Tod seien nur die Folge der Erbsünde, und das Böse habe für den Menschen eine unwiderstehliche Anziehungskraft.

Eine solche Darlegung der Erbsünde ist unvereinbar mit den Grundgegebenheiten der menschlichen Biologie und mit den elementarsten Forderungen der Gerechtigkeit: Es ist unannehmbar, daß die ganze Nachkommenschaft für die Tat eines Einzelnen büßen soll. Und schließlich ist diese Sicht unvereinbar mit unseren Kenntnissen über das erste Auftauchen des Menschen.

Das Böse existiert, es gibt genügend Beispiele um uns herum. Die Menschen haben das vermutlich sehr früh begriffen. Und dieses Böse ist nicht nur außen, sondern wurzelt auch in jedem von uns und hinterläßt dort Spuren. Der biblische Erzähler weist die Verantwortung für das Böse dem Menschen zu; es liegt ihm daran zu zeigen, daß Gott am Bösen nicht beteiligt ist. Sein Gott macht dem Bösen keine Zugeständnisse und ist absolut gerecht. Das Böse bestraft er und hilft uns so, uns davon zu befreien.

Indem der Mensch um jeden Preis ein Gottesbild wollte, in dem das Böse keinen Platz hat, hat er wahrscheinlich in übertriebenem Maße dafür Verantwortung übernommen.

Wir können heute den Gedanken nicht mehr akzeptieren, daß jeder Mensch von Geburt an Schuld trägt an einem Bösen, das von

Anfang an da war. Aber wir sollten uns darüber Rechenschaft geben, daß wir nicht von Natur aus zum Guten tendieren. Jeder von uns tritt ins Leben ein mit seinem Hang zum Guten, aber auch mit seiner Tendenz, sich gehen zu lassen, den leichteren Weg zu wählen, den eigenen Nutzen in den Vordergrund zu stellen zum Schaden der andern, Gewalt zu üben.

Wir sind hin und her gerissen zwischen dem Guten und dem Bösen; sollte man da nicht statt von «Erbschuld» eher von einer geerbten Ambivalenz reden? Das sind die Grenzen des Menschen, das macht aber auch seine Größe aus. Schritt für Schritt sollen wir unserem Leben eine persönliche Ausrichtung geben durch die großen und kleinen Entscheidungen, die uns der Alltag abfordert. Was wir sind und was wir nach und nach erarbeiten, ist so das Werk unserer verantwortungsbewußten und solidarischen Freiheit. «Ich stelle euch heute vor die Wahl zwischen Glück und Unglück, zwischen Leben und Tod. Wenn ihr die Gebote des Herrn, eures Gottes befolgt, die ich heute verkündet habe, wenn ihr den Herrn liebt und in seinen Wegen wandelt, seine Anordnungen, Gebote und Satzungen genau beachtet, dann werdet ihr am Leben bleiben...» (Dtn, 30,15–16).

Dieses Erbe ist uns allen gemeinsam. Aber uns wird bewußt, daß wir nicht alle dieselben Chancen haben. Daher ist es wichtig, daß man vor allem auf die Bedürfnisse derer achtet, die von ihrem Eintritt ins Leben an benachteiligt sind.

Wir sind aber nicht gänzlich uns selbst überlassen. Die ersten Kapitel der Genesis können nicht isoliert angesehen werden, getrennt von der Gesamtheit der biblischen Berichte, wo uns ein wohlwollender, liebender Gott entgegentritt, der sein Volk auf seiner Wanderung durch die Wüste begleitet und es von jeglicher Knechtschaft befreit.

Ostern: Sonne des Lebens

Für die Christen ist Ostern das Fest der Feste.

Die vier Evangelisten berichten uns – jeder auf seine Art – nicht über die Auferstehung selbst, da waren keine Augenzeugen, sondern über das, was ihnen die Gewißheit gab, daß Jesus über den Tod hinaus lebendig war.

Im Lukasevangelium werden die Frauen, die sich nach dem Sabbat mit Balsam zum Grab begeben haben, von zwei Männern in strahlend hellem Gewand mit dem Satz überrascht: «Was sucht ihr den Lebenden bei den Toten?» Jesus lebt? Welch unerhörte Freude... welch unglaubliche Zusicherung... Wenn Jesus lebt, sagt der heilige Paulus, dann werden auch wir leben. Eine wunderbare Hoffnung für jeden und jede von uns, die wir um unsere Lieben trauern. Suchen wir sie nicht unter den Toten – sie leben.

Die Geschichte, die uns Johannes erzählt, ist übrigens eine der schönsten Begebenheiten des Evangeliums. Eine Freundin, die leidenschaftliche Maria von Magdala, kommt vor Sonnenaufgang zum Grab und sieht, daß der Stein entfernt worden ist. Sie eilt, um Petrus und Johannes zu benachrichtigen, und sagt ihnen: «Sie haben den Herrn aus dem Grab genommen, und wir wissen nicht, wohin sie ihn gelegt haben.» Die Jünger laufen schnell zum Grab und sehen, daß Maria von Magdala ihnen die Wahrheit gesagt hat. Sie verstehen nicht, was geschehen ist, und gehen nach Hause. Maria hingegen kann sich nicht dazu entschließen, das Grab zu verlassen, wo der gelegen hat, den sie so sehr liebte. Sie beugt sich vor und sieht ebenfalls zwei Engel, die sie fragen: «Warum weinst du?» Sie antwortet: «Sie haben meinen Herrn fortgetragen, und ich weiß nicht, wo sie ihn hingelegt haben.» Sie dreht sich um und sieht einen Mann, den sie für den Gärtner hält. Er fragt: «Warum weinst du? Wen suchst du?» Fragen, die noch nach zweitausend Jahren in allen Menschen widerhallen, die weinen und nach dem Sinn des Lebens suchen.

Maria antwortet in ihrem tiefen Kummer nicht auf die Frage, sondern sagt: «Wenn du ihn fortgenommen hast, dann sag mir, wo du ihn hingelegt hast, ich will hingehen und ihn holen.» Da sagt Jesus zu ihr: «Maria!» Als sie hört, daß sie bei ihrem Namen gerufen wird, versteht sie blitzartig, daß dieser Mann Jesus selbst ist, obwohl er ein anderes Aussehen hat. Die Verbindung ist also nicht abgebrochen. Maria wendet sich ihm ganz zu und sagt: «Meister!» Jesus sagt ihr: «Halte mich nicht zurück.»

Die äußerlichen Zeichen der Zuneigung sind nicht mehr möglich, aber das Band ist stärker denn je, und Maria hat etwas zu tun auf dieser Welt. «Geh zu meinen Brüdern», sagt ihr Jesus, «und sag ihnen von mir: Ich kehre zu meinem und eurem Vater zurück, zu meinem Gott und eurem Gott.»

Dieser Gott, dieser Vater, der ihn verlassen zu haben schien, erwartet seinen Sohn, wie er jeden von uns erwartet; das sagt uns das Gleichnis vom verlorenen Sohn. Der Auftrag, der Maria von Magdala anvertraut wird, besteht darin, den Aposteln zu verkünden, daß das Leben stärker ist als der Tod. Diese Botschaft wurde von Generation zu Generation bis zu uns weitergegeben.

Ostern, das ist das Leben, das die Oberhand behält und uns einlädt, aus den Mauern, die uns gefangenhalten, auszubrechen, die Zwangsläufigkeit des Räderwerks der Ereignisse zu verweigern.

Ostern, das ist die ungeheure Hoffnung, daß die Liebe das letzte Wort behält.

Maria, die Mutter Jesu

Hat Maria in unserem Glauben Platz? In unseren religiösen Vorstellungen? Wenn ja, welches ist ihre Bedeutung? Sie ist selbstverständlich die Mutter Jesu und ist uns aus diesem Grund teuer. Ist sie die Gottesgebärerin, eine Königin, von der man Gunstbezeigungen erwartet? Eine mütterliche Zuflucht in den Widerwärtigkeiten des Lebens? Das weibliche Element in einer männlichen Institution? Ein Licht auf den Weg, eine Schwester als Begleiterin?

Und wenn wir versuchen würden, für einen Augenblick all das zu vergessen, was zwanzig Jahrhunderte Christentum aus Maria gemacht haben, und uns ganz einfach ans Evangelium hielten?

Hinter der nüchternen Sprache der Evangelien verbirgt sich eine große Lebensfülle. Die Bibelstellen, wo von Maria die Rede ist, sind zwar rar und knapp gehalten, und trotzdem ist es unmöglich, das Gesagte auf einer Seite zusammenzufassen, wenn man darüber nachdenkt, so wie Maria es tat, als sie nicht verstand und alles «in ihrem Herzen bewahrte» und sich vom Wort und vom Geheimnis durchdringen ließ.

In den ersten Kapiteln des Lukasevangeliums, deren Sinngehalt weit über das Erzählte hinausgeht, wird Maria durch das phantastische Versprechen des Engels keineswegs geblendet. Sie ist keine leichtgläubige Frau, sie verlangt eine Erklärung. «Wie kann dies geschehen?» Dann macht sie sich auf, um ihre Base Elisabeth zu besuchen. Wenn ein allzu großes Geheimnis auf einem lastet, hat man das Bedürfnis, sich einem befreundeten Menschen anzuvertrauen, auf dessen Verständnis man zählen kann – deshalb der lange Weg von Nazareth nach Ein-Karem. Die Begegnung der beiden Frauen ist von tiefer Innerlichkeit. Vom Geist erfüllt, sind sie beide füreinander transparent. Und Maria, die Schweigsame, stimmt das Magnifikat an, das Loblied, das so Wort für Wort in verschiedenen Büchern des Ersten Testaments steht. Wie wenn Lukas uns sagen wollte, daß Maria die Schrift bestens kannte. In der Folge wird sie kaum als diejenige dargestellt, die ankündigt, daß Gott die Mächtigen vom Thron stürzt und die Reichen leer ausgehen läßt.

Wir erfahren später, daß sie beunruhigt ist. Es geht das Gerücht, daß Jesus außer sich ist. Während er lehrt, wird ihm gesagt: «Deine Mutter und deine Brüder sind da und fragen nach dir.» Maria spürte die wachsende Opposition. Sie kannte das Schicksal der Propheten. Sie bangte um das Leben ihres Sohnes. Sie war wohl auch ein wenig durch seine Lehren verwirrt worden, die nicht immer mit denjenigen der Hohenpriester übereinstimmten. Es braucht klare Sicht und viel Mut, um sich denen entgegenzustellen, die nach allgemeiner Auffassung die Wahrheit vertreten und verkünden.

Im Johannesevangelium begegnen wir ihr in Kanaa wieder. «Sie haben keinen Wein mehr», sagt sie zu ihrem Sohn, der ihr zur Antwort gibt: «Meine Stunde ist noch nicht gekommen.» Eine andere Übersetzung lautet: «Sollte meine Stunde gekommen sein?» Es ist fast so, als würde Maria Jesus dazu bewegen, seiner Berufung zu folgen. Sie sagt den Dienern schlicht: «Was er euch sagen wird, das tut.»

Sie steht aufrecht unter dem Kreuz, sagt uns Johannes. Sie hält durch bis zum Ende. Ein letztes Mal wendet sich Jesus an seine Mutter. Er nennt sie feierlich «Frau» und fügt, auf den neben ihr stehenden Johannes deutend, hinzu: «Siehe da deinen Sohn.» Und zu ihm sagt er: «Siehe da deine Mutter.» Ein Wort voller Zärtlichkeit und grausam zugleich: Ihr Kind, das sie getragen, geboren, aufgezogen und geliebt hat, stirbt unter entsetzlichen Umständen. Und er vertraut ihr einen andern Sohn an, dem er zugleich sie anvertraut. Als ob ein Kind ein anderes ersetzen könnte! Mutterschaft kann nicht für sich bleiben, immer wieder soll sie Leben spenden.

Über Maria und die Auferstehung ist uns nichts überliefert, das spielte sich tief in ihrem Herzen ab. Wir finden sie im Abendmahlssaal wieder, wo die Jünger gemäß der Apostelgeschichte nach Jesu Abschied «einträchtig im Gebet versammelt waren, mit einigen Frauen, unter ihnen Maria, die Mutter Jesu, und seine Brüder». Es ist das erste, Schlichtheit und Schönheit ausstrahlende Bild der entstehenden Kirche: Jesu Freunde, Männer und Frauen, seine Brüder, seine Mutter, alle in der Erwartung des Geistes.

Träumen wir von dem, was unsere Kirche sein könnte.

Die Moral im Lichte des Glaubens

Die Religionen, deren Ziel es ist, zwischen dem Jenseits, Gott, und der Menschheit eine Brücke zu schlagen, stellen für ihre Anhänger immer auch einen Lebenskodex auf. Denn wenn es zwischen unserer Welt und dem Himmel eine Verbindung gibt, bekommt unsere menschliche Existenz einen anderen Sinn und eine neue Bedeutung, die notwendigerweise unseren Lebensweg beeinflussen.

Allerdings besteht die Gefahr, daß die ursprünglich aus einer transzendenten Verbindung stammenden Religionen sich dabei in Verwalter moralischer Gesetze verwandeln und den «göttlichen» Bezug dazu mißbrauchen, den Regeln, die sie aufstellen, eine größere, ja absolute Autorität zu verleihen. Im Namen einer angeblich göttlichen, zeitlosen Ordnung erfährt alles, was unbeweglich bleibt, eine Rechtfertigung. Die Gefahr ist so groß, daß man auf diese Art der Suche und den Klärungen ausweicht, die auf Grund der gelebten Erfahrung immer wieder neu notwendig wären.

Wenn die Religionen vom freudigen Staunen darüber, daß «Gott mit uns» ist, in ungenügendem Maße Zeugnis ablegen, haben sie die Tendenz, sich auf eine moralisierende Rolle zu beschränken. Statt befreiend zu wirken, ist ihre Moral einengend, da ihr dieser Geist, diese Hoffnung fehlt. Die moralischen Instanzen sind allzu sehr versucht, gleich allen vorzuschreiben, wie sie handeln sollten, und so verfehlen sie ihr wesentliches Ziel, das darin besteht, jedem zur Würde seiner Person zu verhelfen.

Statt im Dienste einer normativen Moral zu stehen, die unaufhörlich Verhaltensregeln aufstellt und diese immer wieder präzisiert, sollte die Religion vor allem den Horizont aufzeigen, dem der Mensch auf seinem Weg entgegengeht, die Weite der irdischen Existenz, den Sinn der Öffnung auf das Ewige hin. Sie sollte uns zum Staunen darüber führen, daß Gott uns liebt, ein Staunen, das uns erst recht auf unsere schöpferische Verantwortung verweist.

Jesus hat nicht genaue Verhaltensregeln gebracht. Er hat jeden und jede zum Wagnis, Verantwortung zu übernehmen, ermuntert. («Warum urteilt ihr nicht selbst?») Er half dem Lahmen, dem Blinden, dem Gelähmten, die Augen aufzumachen und aufzustehen: «Geh hin, dein Glaube hat dir geholfen!» Unaufhörlich kämpfte er gegen Gesetze, die reinen Zwang beinhalten. Seine Gute Nachricht ist eine Botschaft der Befreiung und der Liebe, die vor allem in der Perspektive einer bedingungslosen Liebe zum Tragen kommt, einer liebenden Gegenwart, die den schwierigen Weg des Menschen begleitet. Da ist Gott anwesend, und er hat uns zuerst geliebt.

Der Glaube an Gott bringt den Menschen dazu, sein Verhalten zu ändern, es ist anders nicht möglich. Aber dies sollte nicht im Sinne einer immer rigoroser werdenden Reglementierung unseres Handelns geschehen. Der Gott von Jesus Christus ist ein Gott der Befreiung und der Liebe, der an den Menschen glaubt, an seine Fähigkeit, verantwortlich zu handeln, an seine Freiheit.

Die Wunder

In der Alltagssprache steht das Wort «Wunder» hoch im Kurs. Wenn etwas Unerwartetes geschieht, ein noch nie dagewesener Erfolg eintritt, kommt einem dieses Wort sehr schnell auf die Zunge. Nehmen wir diese Tatsache zur Kenntnis, und sehen wir sie als den Ausdruck des Wunsches, sich nicht in einer technisierten, einengenden Welt einschließen zu lassen, wo alles vorhersehbar ist, wo alles erklärt werden kann.

Auch vom «Wunder der Liebe» spricht man gern. Jemanden lieben, von jemandem geliebt werden, das gibt einem Kraft, hilft einem aus ausweglosen Situationen. Es verleiht einem Flügel; was unmöglich schien, ist auf einmal machbar. In den Augen einer bestimmten Person ist man etwas wert. So hat das Leben nicht nur einen neuen Sinn; es ist nicht in sich geschlossen, sondern offen auf das Unbekannte hin, auf die Zukunft. Und wir sind nicht zur Untätigkeit aufgerufen, sondern dazu, für unser Leben Verantwortung zu übernehmen. Wenn das Wunder nicht auf die Verantwortung des Einzelnen verweisen würde, wäre es pervers. Es wäre in diesem Falle falsch, von einem Wunder zu reden.

In diesem Zusammenhang stellt man fest, daß der Gebrauch des Wortes «Wunder» mit der Zeit verweltlicht wurde; es ist zu einem alltäglichen Begriff geworden. Und der ursprüngliche Sinn des Wunders, das uns mit Jesus und in der christlichen Tradition auf Gott verweist…?

Das Evangelium berichtet uns, daß Jesus im Gegensatz zu Johannes dem Täufer Kranke heilte. Es wird sogar gesagt, daß er sie alle heilte! Es gibt eine Stelle im Evangelium, wo Jesu Mission treffend beschrieben wird: Johannes hatte im Gefängnis vom Wirken Jesu gehört. Er ließ ihn durch seine Jünger fragen: «Bist du wirklich der, der kommen soll, oder müssen wir auf einen andern warten?» Jesus antwortete ihnen: «Geht und sagt Johannes, was ihr hört und seht: Blinde sehen, Lahme gehen, Aussätzige werden gesund, Taube hören, Tote stehen auf, und den Armen wird die Gute Nachricht verkündet» (Mt 11,3–5). Das Wunder bedeutet Aufruf, Aufforderung, Über-sich-selbst-Hinauswachsen. Jesu Liebe und sein Da-Sein für andere ist so übergroß, daß jeder dazu geführt wird, sein Bestes zu geben.

Das Zweite Testament sieht in diesen Heilungen den Beweis für die göttliche Macht, die Jesus innehat. Allerdings steht im Markusevangelium, Jesus hätte in Nazareth keine Wunder wirken können. «Nur einigen Kranken legte er die Hände auf und heilte sie. Und er wunderte sich über ihren Mangel an Glauben» (Mk 6,5–6a). In der Tat: Je größer das Vertrauen war, das er in seinen Zuhörern wecken konnte, desto größer war auch seine Wunderkraft.

Diese Berichte werfen Fragen auf. Handelt es sich um physische Heilungen, oder soll damit ausgedrückt werden, daß Jesus dadurch, daß er allen sein Vertrauen schenkte, die wieder zum Reden brachte, die sich in ihrem Schweigen eingemauert hatten, weil ihnen nie jemand zugehört hatte, daß er die Menschen von ihren Verblendungen befreite und denen wieder Mut machte und ihre Würde zurückgab, die sich wegen ihren Schwächen und Behinderungen wie gelähmt fühlten?

Die wörtliche Interpretation der Wunder wirft viele Fragen auf. Wird durch derartige Eingriffe in den natürlichen Lauf der Dinge nicht die Realität der menschlichen Verantwortung verfälscht? Warum sollte unser Gott, der als allmächtig verehrt wird, es zulassen, daß heute Unschuldigen so viel Leid zustößt, sei es durch Naturkatastrophen oder durch die menschliche Unachtsamkeit oder Bosheit, während er Jesus die Macht gegeben hat, die Übel zu beheben? Für viele Christen sind es keineswegs die Wunder, die ihren Glauben stützen. Die Wunder stellen für sie sogar eine bedeutende Schwierigkeit dar, wenn man sie wörtlich nimmt. Ist der Glaube an eine transzendente Präsenz Gottes im Menschlichen an außerordentliche Werke geknüpft, die ein Mensch, wenigstens bei unserem heutigen Wissensstand, unmöglich vollbringen kann? Ist es das Wunderbare, worauf wir begierig sind, das wir von Gott erwarten, oder vielmehr eine liebende Gegenwart, eine innere Inspiration, die uns im alltäglichen Leben, unserer Sehnsucht nach dem Unendlichen Rechnung tragend, zusätzlich Leben und Hoffnung schenkt? «Wahrlich, ich versichere euch: Wer im Glauben mit mir verbunden bleibt, wird die gleichen Taten vollbringen, die ich tue, ja, er wird noch größere Taten vollbringen…» (Joh 14,12).

Wenn, wie im 1. Johannesbrief, von Gott gesagt wird, daß er «Liebe» ist (1 Joh 4,8), dann kann man wirklich sagen, Jesus habe die Fähigkeit gehabt, mit der Macht dieses Gottes mit krankhaften Angstzuständen fertig zu werden. Mit psychischen und psychosomatischen Auswirkungen der Angst. Wollte er nicht, daß sich die Gefühle von Angst, Einsamkeit, Verzweiflung, die bis zur Selbstzerstörung gehen kann, sich in die Annahme seiner selbst verwandeln, in eine gewisse Reife und Gelassenheit, die ein neues Verhältnis mit sich selbst und den andern ermöglicht?

Zahlreiche gesundheitliche Störungen sind psychosomatischer Art, und jede Gesundung der Seele wirkt sich auf das physische Befinden aus. So wirkte die vertrauensvolle und Mut machende Nähe Jesu zu den wegen einer Krankheit oder Prüfung leidenden Menschen, denen er begegnete, belebend für die Person in ihrer Gesamtheit. Bei seinem Bemühen zu verstehen, was den Menschen zur Erfüllung fehlte, hat Jesus nicht wegen ihrer Fehler und Schwächen moralische Urteile über sie gefällt, sondern die Bedeutung betont, die er der Pflege der Seele zuschrieb, eine wahrhaft therapeutische Pflege.

Jesus hat sich von den Ketten einer Religion befreit, die ihrerseits Angst erzeugte, und das wurde ihm zum Vorwurf gemacht. Aber für ihn bedeutete die Heilung der Seele, daß Gott begann, im Herzen der Menschen lebendig zu sein. Das Vertrauen auf Gott und die Befreiung des Menschen von seinen Ängsten waren für ihn untrennbar miteinander verbunden.

Jesus hat seine Apostel mit diesem Heilungsauftrag betraut, als er sie aussandte. «Sie machten sich auf den Weg und wanderten durch die Dörfer, verkündeten überall die Gute Nachricht und heilten die Kranken» (Lk 9,6). Auf welche Arten kann dieser Heilungsauftrag heute ausgeführt werden?

Sich nicht im Heiligen irren

Angesichts des Leidens und des Todes, des Bösen, des Krieges und der Naturkatastrophen wird der Mensch aus der Fassung gebracht. Er versteht das nicht; das Leben hat keinen Sinn mehr; die Welt gerät aus den Fugen. Er empfindet das Bedürfnis, sich einer höheren Macht anzuvertrauen, die einschreiten und diese chaotischen Zustände ändern kann. Wie kann man sich ihre Gunst und ihren Schutz sichern? Durch Geschenke, Opfergaben, Riten, die das Schicksal beschwören sollen. Man zündet Kerzen an, verrichtet Gebete, verehrt Bildnisse, trägt Medaillen, bringt Opfer dar, geht auf Pilgerschaft… Auf diese Art tritt man mit dem Göttlichen in Verbindung, und die Orte, an die man sich zu diesem Zweck begibt, die verwendeten Zeichen und Gegenstände werden selbst geheiligt, werden sakral. Das intuitive Gefühl, daß der Mensch nicht das höchste Wesen ist, daß etwas oder jemand ihn weit überragt, war und ist weit verbreitet. Es ist der Ursprung der Religionen. Die Religion verbindet den Menschen mit dem Heiligen.

Hinter diesen Praktiken versteckt sich oft der Wunsch, den göttlichen Willen seinen eigenen Bedürfnissen und Wünschen gefügig zu machen – ein Markten also: Ich gebe dir dies, und du tust für mich das. Wenn aber im Gegenteil die Person angesichts ihrer eigenen Winzigkeit von der heiligen Macht erdrückt wird, jede Hoffnung aufgibt und nur auf den unausweichlichen Tod wartet, ist das Ergebnis nicht besser. Ganz anders der Notschrei des Menschen, der nur noch eine flehende Geste machen kann, auf irgendeine Art, weil er sonst keinen Ausweg mehr sieht.

Jesus offenbart uns nicht das Bild eines tauben, unempfindlichen oder krämerhaften Gottes, sondern eher dasjenige eines Gottes, der schenkt, ohne eine Gegenleistung zu erwarten. Der Letzte erhält gleich viel wie der Erste (Mt 20,1–16). Die Zeichen der Brotvermehrung (Mk 6,35–44), der Verwandlung von Wasser in Wein (Joh 2,1–11), oder des wunderbaren Fischfangs (Lk 5,1–11) deuten auf Fülle und Freigebigkeit hin. Seine Vergebung und sein Heil bietet er allen an, ohne Rücksicht auf soziale, rassische oder religiöse Zugehörigkeit, ohne die Bedingung der Reinheit zu stellen: Er kommt für uns alle und welches auch unsere Fehler und Vergehen sein mögen.

Zudem hat Jesus die Grenzen zwischen dem Heiligen und dem Profanen verwischt. Äußerliche, ostentative Zeichen von Gebet und Verehrung sind für ihn wertlos (Mt 6,1–8). Wichtig ist, was tief im Innern, im Gewissen geschieht, «im Geist und in der Wahrheit (Joh 4,23). Er ist gekommen, um uns vom «Heiligen» zu befreien, das uns einschüchtert und einengt.

Sollte es etwa nichts Heiliges mehr geben? Es gibt keinen Bereich mehr, der dem Heiligen vorbehalten ist. Gott allein ist heilig, und alles gehört uns. Wie kann man also das Heilige von Gott erkennen und feiern? Durch seine Worte und Taten zeigt uns Jesus, was wichtig ist in der Welt: der Mensch, Mann und Frau, geschaffen nach Gottes Bild. Er sagt uns: «Was ihr dem Geringsten meiner Brüder getan habt, das habt ihr mir getan» (Mt 25,40). Das menschliche Wesen ist es, das heilig ist, vor allem das kleinste, schwächste, hilfloseste.

Irren wir uns also nicht im Heiligen. Unsere Gesten, Zeichen und Riten haben nur einen Zweck: uns unablässig in Erinnerung zu rufen, daß wir für eine bessere Zukunft der Menschheit arbeiten sollen. Gottes heiliges Antlitz scheint in den Gesichtern unserer Schwestern und Brüder auf. Es ist an uns, etwas zu unternehmen, damit Krankheiten eingedämmt werden, an uns, den Sterbenden Trost zu spenden, gegen das Böse zu kämpfen, in erster Linie in uns selbst und dann um uns herum, damit die Übergriffe auf das Leben und die Würde des Menschen aufhören. Es liegt an uns, uns dafür einzusetzen, daß der Planet Erde für kommende Generationen erhalten bleibt, und katastrophalen Entwicklungen vermehrt vorzubeugen.

Ein gewaltige Aufgabe – ein heiliges Unterfangen!

Hat man es nötig, gerettet zu werden?

Wird durch eine solche Frage der im Christentum zentrale Begriff des Heils in Frage gestellt? In unserer Zeit wird, sofern davon überhaupt die Rede ist, die traditionelle Heilslehre abgelehnt. Diese könnte man in groben Zügen folgendermaßen wiedergeben: Unsere Stammeltern Adam und Eva aßen im Garten Eden von der verbotenen Frucht, wurden so vor Gott schuldig und wurden zur Strafe für ihren Sündenfall aus dem Paradies vertrieben. Sie wurden zum Leiden und zum Tod verurteilt, und mit ihnen die ganze Menschheit. Aber die Schuld, die sie sich gegenüber dem unendlichen Gott aufgeladen hatten, war auch unendlich groß und konnte nur durch eine unendlich große Wiedergutmachung ausgelöscht werden. Nur der Sohn Gottes konnte seinen Vater versöhnen, indem er sich mit der sündigen Menschheit identifizierte, und so sandte Gott Jesus als Retter der Menschheit: Diese Darstellung beinhaltet Begriffe wie «Lösegeld», «Sühne» oder «Opfer», die heutzutage nur noch schwer nachvollziehbar sind.

Auch wenn man weiß, daß die mythische Geschichte von Adam und Eva nicht wörtlich genommen werden kann, repräsentieren diese doch symbolisch die Menschheit. Es ist schwer einzusehen, warum die ganze Menschheit für eine Sünde verantwortlich sein soll, die von einigen begangen wurde, und daß diese Sünde so schwer auf allen lastet, daß sie von dieser Erbschuld erlöst werden müssen. Wie soll die Grausamkeit eines Gottes verstanden werden, der seinen eigenen Sohn in den Tod schickt, um Genugtuung zu erhalten. Die Logik, laut der der Mensch sündig sein muß, damit er gerettet werden kann, wird abgelehnt. Gott hätte sich also in Jesus nicht offenbart, wenn diese erste Sünde nicht gewesen wäre?

Übrigens kann man sich in einer Überflußgesellschaft, wo viele in materiellem Wohlstand und in relativer Sicherheit leben, fragen, wieso wir irgendeine Rettung nötig hätten? Braucht man einen Retter, soll man von einem andern erwarten, was man sich selbst beschaffen kann? Dieses Sich-einem-andern-Anheimstellen tut dem Selbstwertgefühl und der Selbständigkeit Abbruch. Wahrscheinlich muß man selber erfahren haben, was Elend und Unterdrückung bedeuten, um den Sinn von Rettung und Befreiung zu erfassen. Zweifellos muß man selber hart geprüft worden sein, um zu wissen, wie schwer ein Übel zu ertragen ist und wie sehr man sich in einer solchen Situation nach Befreiung sehnt. Es ist klar, daß die Jungen mit einem solchen Vokabular im allgemeinen nichts anfangen können. Für die andern ist es eher so, daß sie eine Last oder Lasten zu tragen haben, von denen sie gern befreit werden möchten: Krankheit, Armut, Angst, Gewalt, Verzweiflung, Tod…

Wenn der Heilsgedanke konkret wird – durch die effektive Befreiung der Unterdrückten, derer, die aus welchem Grund auch immer unglücklich sind, und vor allem durch die Befreiung der Angst vor dem Tod – kann er mit neuem Sinn gefüllt werden. Allerdings gibt es neben den Übeln, die sich bekämpfen lassen, auch solche, die unausweichlich sind. Dem allmählichen körperlichen Zerfall, der schließlich zum Tod führt, kann der Mensch nicht entgehen, und gegen die Naturkatastrophen kann er nicht viel ausrichten. Wie sollte uns Gott oder Jesus davon befreien können.

Es fällt uns zwar schwer, den Gedanken zu akzeptieren, daß wir eine Rettung nötig haben, aber wir wissen aus Erfahrung, daß wir

Lust haben, zu leben und glücklich zu sein. In der Tat ist der Mensch fürs Leben und für das Glück geschaffen. Er sehnt sich nach der Lebensfülle, nach der völligen Entfaltung seiner Person, was im Gegensatz zu seiner Endlichkeit steht. Seine menschlichen Grenzen machen ihm bei seinem Streben nach einem erfolgreichen und erfüllten Leben oft einen Strich durch die Rechnung. Man kann nicht alles machen oder haben. Und da sind auch die Grenzen, die der persönlichen Entfaltung gesetzt sind: die Gesundheit, das soziale Umfeld, die wirtschaftlichen, kulturellen oder psychologischen Bedingungen, mancherlei Druck, dem der Mensch ausgesetzt ist...

Im Evangelium sehen wir, wie Jesus die Menschen physisch und moralisch heilt, wie er ihren Hunger stillt. Er befreit die Menschen von Krankheit und Schuld und letztendlich auch vor dem physischen oder sozialen Tod, der sich daraus ergeben kann. Seine Botschaft kündigt das Kommen des Reichs an, wo keiner von dem ausgeschlossen ist, wozu ihn sein Lebenswille drängt. Für Jesus gibt es keine hoffnungslosen Fälle, er erlaubt jedem, sich selber zu verwirklichen. Es ist eine Rückkehr zur ursprünglich von Gott gewollten Schöpfungsordnung. Es ist also auch eine In-Frage-Stellung aller sozialen, politischen und religiösen Praktiken, die für den Menschen verletzend sind oder ihn unterdrücken. Indem er so handelt, nimmt er den Leuten die Angst, die sie lähmt, die sich ausbreitet. Da er sich gegen die Angst stemmte und sie in sich selber überwand, mußte er Angst machen – angefangen bei denen, deren Macht sich auf die Angst stützt, die sie verbreiten: Angst vor der Strafe, Angst vor der Verurteilung, Angst vor der Zukunft. Wenn die Angst weg ist, kann sich Selbstvertrauen entwickeln, Vertrauen in den andern, Vertrauen auf Gott und deshalb auch eine echte Freiheit, die durch die Wechselfälle des Lebens nicht beeinträchtigt wird.

Dank dieser Botschaft glauben die Christen, daß der Mensch trotz allem Übel und trotz dem Tod zur Fülle des Lebens und zum Glück gelangen kann. Wie Jesus in Freiheit den Tod durchschritten hat, so hoffen auch die Christen auf einen Übergang, der die Sehnsucht nach Unendlichkeit stillen kann, die jeden beseelt.

Das Leben des Menschen wäre so keine Sackgasse, sondern ein weiterführender Weg.

Wie kam es zu den Dogmen?

Als die Christen über ihre religiöse Erfahrung sprechen wollten, unter sich oder zu anderen, begannen sie damit, daß sie einander erzählten, wie sie Jesus entdeckt hatten: Im Mittelpunkt ihrer Berichte standen sein Tod und seine Auferstehung, später kamen seine Worte und Taten hinzu. Diese «Erzählung» war auch ein Aufruf zur Bekehrung.

Mit der Zeit verfaßten sie Texte, dank denen alle Gläubigen ein und denselben Glauben bekennen konnten (was man «Symbole» nennt).

Das Wort «Dogma» bezeichnet eine Glaubensregel, die von einer religiösen Gruppe nach einer entsprechenden Debatte anerkannt wird. Ein *Credo* kann auf verschiedene Arten verstanden werden. Daher entsteht das Bedürfnis, den gemeinten Inhalt auf intellektueller Basis durch «Definitionen» zu präzisieren, die das «Dogma» ausdrücken.

Da nun die dogmatischen Definitionen Fragen beantworten, die in einem bestimmten kulturellen Kontext gestellt werden, haben sie in ihrem sprachlichen Ausdruck einen relativen Charakter. Sie sind aber trotzdem wegweisend, weil sie die Vertiefung des Glaubens durch die Kirche widerspiegeln. So werden sie zu offiziell anerkannten Glaubenssätzen.

Als Begriff der menschlichen Sprache kann das Dogma mit der Zeit auch eine Entwicklung durchmachen und umformuliert werden, denn der ursprüngliche Sinn kann durch die Veränderung der

Wortbedeutungen und die Abnützung der Wörter verdreht oder verdunkelt werden.

Es ist also darauf zu achten, daß das Dogma nicht zu einem ehrwürdigen Fossil verkommt, das im Alltagsleben keine reale Bedeutung mehr hat. Das würde zum «Dogmatismus» führen, zu dieser starren Haltung, die darin besteht, daß man den Menschen fertige, zeitlose Formeln aufzwingt. Es handelt sich da um etwas «Aufgesetztes», das keinen Bezug zum Leben hat, um «Antworten», die keine echte Frage mehr beantworten, sondern die wesentliche Fragen vielmehr unterdrücken, schon bevor sie ihren Ausdruck gefunden haben. Man kann daraus einen Katalog machen, den man hervorholt, wenn es darum geht, Häretiker zu verurteilen, aber sie helfen nicht zum Leben. Man glaubt, Wahrheiten zu kennen, aber man *tut* nicht, was wahr ist. So *muß* die Innerlichkeit verlorengehen.

Das Dogma ist die Erinnerung der Gemeinschaft an die Vergangenheit; die Gläubigen sollen es sich neu zu eigen machen, so daß es wieder lebendig und lebensfördernd werden kann.

Das Fegefeuer und die Hölle

Fegefeuer und Hölle, zwei Begriffe, die kaum noch auf Beachtung stoßen, selbst unter den Anhängern des christlichen Glaubens. Sie waren ja auch mit dem Begriff der vorübergehenden oder ewigen Strafe verknüpft, die dem Sünder von einem Gerechtigkeit walten lassenden und rächenden Gott auferlegt wird.

Und doch…? Wenn es um etwas ganz anderes gehen würde als um einen unbarmherzigen Gott, nämlich um ein wesentliches Vorrecht der menschlichen Person – seine Freiheit? Denn letztendlich hat der Bund in der Liebe, der uns von Gott angeboten wird, nur dann einen Wert, wenn der Mensch ohne jeglichen Zwang – in Freiheit – seine Zusage gibt.

Es ist also möglich, daß ein Geschöpf vollkommen bewußt jede Verbindung mit den anderen und mit dem Inbegriff des Anderen, mit Gott, ablehnt. Die Erfahrung beweist, wie leicht man in die Spirale des Unverständnisses geraten kann und daß es, je länger es dauert, desto schwieriger wird, sich daraus zu befreien.

Selbst wenn eine ewige Hölle theoretisch möglich ist – ist es denkbar, hinsichtlich der menschlichen Freiheit, daß sich jemand, von der Verworrenheit des Irdischen befreit, sich dem Angebot der unendlichen Liebe total und definitiv widersetzen kann? Und: Was für ein Mißverhältnis zwischen einer Ewigkeit im Unglück und einigen Jahren auf dieser Erde!

Wäre übrigens der Himmel möglich, wenn die Hölle bevölkert wäre? Für ein solidarisches Volk kann das eigene Glück nicht vom

Schicksal der anderen getrennt werden. Wie kann man – die Gefühle der Vergeltung überwindend – glücklich sein, wenn einige, ob sie einem fern oder nahe stehen, an der ewigen Seligkeit keinen Anteil haben? Jesus fand keine Ruhe, solange er das hundertste Schaf nicht gefunden hatte. Für viele ist übrigens die Hölle hier auf der Erde. Man stellt sie sich nicht mehr in einem Jenseits vor. Sie ist leider hier unter uns, in der Barbarei zahlloser unmenschlicher Situationen.

Was das Fegefeuer betrifft, ist es nicht normal, daß man sich am Lebensende der Tatsache bewußt ist, daß man seine Aufgabe nicht ganz erfüllt hat, daß der Weg eigentlich noch weiterführen müßte? Auch hier würde es sich weniger um Bestrafungen handeln als um ein Leben, das durch die neue Nähe zum Ewigen, ohne die Behinderungen der menschlichen Existenz, immer vollkommener würde.

Es ist gerade unser Glaube, der das Bild eines erbarmungslosen Gottes nicht zuläßt, eines Gottes, der sich – als Inbegriff der absoluten Gerechtigkeit – um die Schwierigkeiten des Menschen kaum kümmert.

Aber auch die Aussicht auf ewige Strafen, mit der man allzu oft verhindern wollte, daß wir vom rechten Weg abkommen, hat ihren Einfluß auf das Handeln der Christen nach und nach verloren. Denn die Erfahrung der gegenseitigen Hilfe und der Solidarität, das empfangene und geschenkte Vertrauen, das Glück des Teilens, die Liebe sind viel stärkere Impulse als Ausschluß und Verdammung.

Durch Jesus von Nazareth ist unser Gottesbild verändert worden. Er, der jedem, und wenn er auch noch so elend und lahm war, wieder zu einem aufrechten Gang verhalf, läßt uns den Gehalt an Ewigkeit erahnen, der dem täglichen Leben innewohnt.

Was jenseits vom Tod ist, hat, dem Geheimnis Gottes anvertraut, nicht mehr die Schrecken des Fegefeuers oder die ewigen Strafen zum Inhalt, sondern das Feuer einer läuternden und belebenden Liebe.

Was für ein Jenseits?

Zu gewissen Zeiten und noch vor kurzem herrschte eine spirituelle Haltung vor, die das gegenwärtige Leben geringschätzte, denn es ging nur darum, sich seinen Himmel zu verdienen! Heute sind die Christen glücklicherweise mehr bestrebt, dem jetzigen Leben Sinn und einen evangelischen Wert zu geben. Und wie steht's mit den «letzten Dingen», dem Jenseits, das ja das Herzstück der christlichen Hoffnung ist?

Die Verbundenheit mit dem Leben, für den Gläubigen als Teilnahme am göttlichen Leben empfunden, ist so intensiv, daß man in seinem Innersten die Fortsetzung im Jenseits ersehnt. Auch weil die tiefen Bande, die auf Erden geknüpft werden, die man sich nicht ohne Zukunft vorstellen kann, auf den Anderen par excellence verweisen, auf den Gott des Bundes. Und weil das gegenwärtige Leben, die erlebte Wirklichkeit, für viele so unmenschlich ist, daß sie nur dank der Hoffnung auf einen endlich erlangten Frieden, ein erfülltes Glück für sich und die Ihren, ertragen werden kann. Wir können nicht akzeptieren, daß so viele Existenzen, die vorzeitig dahingerafft wurden oder deren Los aus nichts anderem als aus Leid und erlittener Ungerechtigkeit bestand, niemals Glück und Liebe erfahren, nicht ins Himmelreich gelangen sollen, das Jesus verkündet und durch sein Wesen erahnen läßt.

Daß unsere Erwartung von unserer Vorstellungskraft beeinflußt wird, ist verständlich, obwohl wir wissen, daß unsere Vorstellung der Transzendenz, die wir anstreben, nicht gerecht wird.

Einst schwelgte man in der Beschreibung der Freuden des Jenseits, die auf den unerfüllten Erwartungen der diesseitigen Welt beruhten, aber auch die Qualen von Fegefeuer und Hölle wurden auf eindrückliche Art immer wieder dargestellt. Breughel, Hieronymus Bosch und viele andere ließen ihrer Phantasie freien Lauf. Heute ist man viel nüchterner. Unsere Annäherung an Gott im Glauben wird immer unvollkommen sein, das Geheimnis bleibt. Wie sollen wir uns also das vorstellen können, was uns nach dem Tod erwartet?

Glücklicherweise verliert dieses Unbekannte seinen lähmenden Schrecken. Das Bild eines gerechten und barmherzigen Gottes, der um die Komplexität und Schwierigkeit des menschlichen Daseins weiß, tritt mehr und mehr an die Stelle der Vorstellung eines erbarmungslosen Gottes, dessen Strenge – so glaubte man – nötig war, damit die Menschen auf dem rechten Weg blieben. Nach und nach entdecken wir, daß die Haltung Jesu, die von Zuwendung, Mitleid und Vertrauen geprägt ist, und zwar zu jedem, welcher Art seine Not auch sein möge, eine viel positivere Wirkung hat als Drohungen und die Schreckensvorstellung des Jüngsten Gerichts.

Das Streben nach dem Jenseits, entstanden aus dem Reichtum unserer menschlichen Bindungen, aber auch aus der Tragik unserer Existenz – ist es bloß eine Art Ausflucht, oder ist es die Spur einer Dimension der Ewigkeit im Herzen der Menschen?

Alles, was in uns und in den anderen lahm, gelähmt, blind, sündig ist, hat das Bedürfnis – wie damals zur Zeit Jesu – zu hören und zu entdecken, daß wir geliebt werden, daß wir in den Augen Gottes etwas wert sind, daß das Gottesreich schon unter uns ist. Und daß wir berufen sind, seine Vollendung vorzubereiten.

Wenn man sich immer intensiver im gegenwärtigen Leben mit all den täglichen Wundern der Liebe engagiert, aber auch seine tragischen Seiten bewußter wahrnimmt, schlägt die Hoffnung auf ein Jenseits in der Liebe Gottes im Innersten des Menschen Wurzeln.

V Eine Kirche, deren Entstehung unaufhörlich gefördert werden soll

Die katholische Kirche wird manchmal wie ein Monolith wahrgenommen, der schon als fertiges Ganzes vom Himmel gekommen ist, ohne menschliches Dazutun, als göttliche, makellos reine Institution. Jesus hatte wahrscheinlich nie die Absicht, eine Kirche zu gründen. Die Kirche ist menschlich, sowohl Erhabenes wie auch Unvollkommenes gehören zu ihr. Christinnen und Christen fühlen sich für das Antlitz ihrer Kirche verantwortlich; einige leiden darunter, daß sie entstellt ist, und kämpfen dafür, daß sie ein offenes und für alle zugängliches Gesicht hat, eines, das des Andenkens an Jesus Christus, auf den sie sich beruft, würdig ist. Deshalb kann man sagen, daß immer wieder dafür gesorgt werden muß, daß die Kirche neu entsteht, daß sie erneuert wird.

Wie die Welt braucht auch die Kirche Männer und Frauen, die aufstehen, sich entrüsten, zum Handeln aufrufen. Sie sind es, die die Hoffnung hochhalten und eine neue Zukunft aufzeigen. Man nennt sie Propheten.

Seit der Himmelfahrt, dem Tag der Trauer und des Aussendens, und Pfingsten, dem Tag der Öffnung auf die Welt hin, wird die den Jüngern anvertraute Botschaft unermüdlich in der ganzen Welt verkündet. Die ersten Christen haben sich in einer «Kirche» genannten Gemeinschaft organisiert, um dem Aufruf ihres Herrn nachzukommen, der sie mit einer Mission betraut und in die Welt gesandt hat. Diese Kirche entwickelte sich, es bildeten sich bestimmte Strukturen heraus. Sie schuf oder übernahm Riten und Zeichen. Diese sind in erster Linie die Sakramente, die die großen Augenblicke der menschlichen Existenz begleiten und auf deren verborgenen Glanz hinweisen.

Das wichtigste von allen ist das Zeichen der Eucharistie, bei deren Feier Christus immer wieder neu bei uns gegenwärtig ist. Nach und nach wurden die verschiedenen Dienste Verantwortungsträgern anvertraut: «Ministern», Priestern, Bischöfen… Wie jede menschliche Organisation weist die Kirche Unvollkommenheiten auf, ist vor Fehlern nicht gefeit. So hat sie nicht Schritt gehalten mit der Entwicklung des Status der Frauen. Wie eine weltliche Institution hat sie sich eine hierarchische statt eine evangelische Struktur gegeben und ist auf die Irrwege der Macht geraten. Man sollte heute von der Krise des Amtspriestertums profitieren und die Aufgaben in neuer, flexiblerer, demokratischerer Art und Weise auf Männer und Frauen in gleicher Weise verteilen, so, daß sie ihrem ursprünglichen Zweck, dem Dienst, wieder mehr entsprechen. Der Minderheitenstatus der Christen und die zunehmende Entchristlichung sollte die Kirche veranlassen, wieder demütiger zu werden; allzu oft war sie arrogant und überzeugt, allein die Wahrheit zu besitzen.

Trotz all ihren Mängeln bleibt die Kirche weiterhin von einem prophetischen Geist beseelt. Wenn auch das Jubeljahr 2000, das allen eine neue Chance geben sollte, nicht ganz frei war von Ambiguitäten, so wird die Kirche doch durch die Entwicklung der Befreiungstheologie dazu gedrängt, sich derer anzunehmen, die am meisten benachteiligt sind. Sie öffnet sich, wenn auch nur zögernd, riskiert aber den interreligiösen Dialog und wagt es, auf andere Christen oder sogar auf Agnostiker und Atheisten zuzugehen.

Ihr letztes Ziel ist es schließlich, uns auf einen Weg des Glücks und der Hoffnung zu führen, wo wir alle dazu aufgerufen sind, heilig zu sein!

Wo sind heute die Propheten?

Propheten hat es immer gegeben. Noch immer gibt es Propheten unter uns. Man kann sie wohl ausschalten, aber es stehen immer wieder andere auf, solche, die man gar nicht erwartet hatte. Es sind Männer und Frauen unserer Zeit, die sich nicht scheuen, in Krisensituationen ihre Stimme zu erheben, die sich nicht fürchten, den Worten Taten folgen zu lassen. Sie gleichen Wächtern, die in dunkle Ecken leuchten, Verborgenes ans Licht bringen. Sie schauen voraus. Sie reagieren auf Ungerechtigkeiten und Machtmißbrauch, weisen auf das hin, was schief läuft, auf strukturelle Mängel. Ihre Kritik an der Gegenwart zeigt zugleich Zukunftsperspektiven auf.

Die Propheten predigen nie die Resignation. Es sind keine Unglückspropheten. Im Gegenteil, sie rufen die Ausgeschlossenen auf, eine neue Gesellschaft zu errichten. Sie hindern die Menschheit daran, ihre Fortschritte wieder rückgängig zu machen.

Ein echter Prophet bezeugt seine eigene innere Befreiung. Wie sollte er die Revolte des Gewissens predigen können, wenn er selbst nicht versuchen würde, das, was er verkündet, in seinem eigenen Leben zu verwirklichen? Aber bei den Seinen wird der Prophet nicht gut aufgenommen. Er wird bald einmal zum verdächtigen Subjekt, das die herkömmliche Ordnung zu stören droht. Er wird ins Abseits gedrängt.

Die christlichen Propheten schöpfen ihre Inspiration und besondere Kraft aus dem Evangelium. Wie Jesus sind sie gegen die Gewalt, und sie verteidigen die Schwächsten und Bedürftigen, ob es der Gesellschaft nun paßt oder nicht. Sie kämpfen gegen jede Form der Sklaverei und dagegen, daß der Mensch zum Objekt gemacht wird. Sie bieten allen die Möglichkeit, ein anderes, erfüllteres, freieres Leben ins Auge zu fassen. Es liegt ihnen daran, daß ihre Kirche selbst prophetisch werde für die Welt.

Dank einem inneren Feuer stehen die Propheten aufrecht im Kampf um die Freiheit. Sie werden von der Hoffnung angetrieben, daß eine andere Welt möglich ist, daß eine neue Kirche entstehen kann.

Solange sich unter uns Propheten erheben, hat die Welt Grund zur Hoffnung.

Auffahrt: von der Trauer zum Aufbruch

Die Evangelien und die Apostelgeschichte berichten uns, daß Jesus, nachdem er sich den Seinen mehrmals gezeigt hatte, in den Himmel erhoben wurde. «Während er sie segnete, entfernte er sich von ihnen und wurde in den Himmel emporgehoben», schreibt der Evangelist Lukas (Lk 24,51). In der Apostelgeschichte wird das Geschehen noch ausführlicher beschrieben: «…er erhob sich vor ihren Augen, und eine Wolke entzog ihn ihren Blicken. Als sie noch wie gebannt nach oben starrten und hinter ihm hersahen, standen plötzlich zwei weißgekleidete Männer neben ihnen und sagten zu ihnen: ‹Ihr Galiläer, was steht ihr da und schaut nach oben?›» (Apg 1,9–11).

Das Fest der Himmelfahrt betrifft zwar Jesus, aber es sagt uns vor allem viel über seine Apostel und Jünger. Nachdem die Jünger gewahr wurden, daß der Tod am Kreuz Jesus nicht vernichtet hatte, mußten sie akzeptieren, daß er nicht mehr so wie früher bei ihnen war. Sie mußten sich damit abfinden, daß sie seine Gegenwart nicht mehr so erfahren konnten wie vorher, als sie jahrelang die privilegierten Zeugen seiner Botschaft des Lebens gewesen waren. Eine Rückkehr in die Vergangenheit konnten sie nicht erhoffen, es ging nun im Gegenteil darum, daß sie sich selbst aufmachten, um die Gute Nachricht zu verkünden. Statt stehenzubleiben und zum Himmel hinauf zu schauen, sollten sie dem Ruf der Erde, der Welt folgen.

Die Zeichen fallen nicht vom Himmel, sie sind hier, in unserer

Reichweite, sie sind jederzeit in der Welt zu finden, in der wir leben. Es geht nun darum, überall die Botschaft der geschwisterlichen Hilfe und der Solidarität Wurzeln fassen zu lassen, die Botschaft, in deren Kern sich Nächstenliebe und Gottesliebe begegnen und eins werden. An der Liebe, die sie zueinander haben, wird man erkennen, daß sie meine Jünger sind, hat Jesus gesagt. Aber wie soll man vorwärtsgehen, stets neue Herausforderungen annehmen können, wie kann man das Abenteuer des Lebens angehen können, wenn man sich am Vergangenen festklammert?

Für eine glaubwürdige Kirche

Das griechische Wort *ecclesia* bedeutet soviel wie «Einberufung», «einberufene Versammlung». Die ersten Christen, die ihre Gemeinschaften so nannten, waren sich bewußt, daß sie sich nicht von sich aus versammelten, sondern daß sie einem Ruf Gottes folgten. Diesen doppelten Aspekt hat die Kirche bis heute beibehalten: eine Gemeinschaft von Menschen, die einem Ruf folgen, der von anderswoher kommt.

Die Kirche ist in der Geschichte und in der Gesellschaft eingebettet; das ist ihr sichtbarer Aspekt. Zugleich übersteigt sie diese Geschichte und diese Gesellschaft. Diese spirituelle Realität kann nicht zugunsten des rein funktionalen Aspekts der Kirche ausgeblendet werden. Die Kirche ist zwar eine menschliche Organisation, die den Zufälligkeiten der Geschichte unterworfen ist und deren Strukturen nach dem Vorbild des römischen Staatswesens, der Feudalherrschaft oder der Monarchie entstanden. Aber sie ist auch das Feld, das Gott bestellt, sein aus lebendigen Steinen bestehendes Gebäude, seine Familie, sein Volk und, um noch ein anderes Bild zu gebrauchen, die Wohnung des Heiligen Geistes. Ihre Autorität hat sie von Christus, nicht nur von den Menschen. Wenn die Kirche auf ihre sichtbare Organisation reduziert würde, würde sie ihr Geheimnis aufgeben, ihr eigentliches Wesen. Sie wäre ihrer Daseinsberechtigung beraubt, denn die Gründe ihrer Existenz sind Glaubensinhalte und nicht bloß soziologische Gegebenheiten.

Nichtsdestoweniger ist es so, daß die spirituelle Realität in der sichtbaren Wirklichkeit der Kirche durchschimmert. Die Kirche ist sicher nicht nur von Menschen gemacht: Die Menschen sind dafür verantwortlich, daß die sichtbare Realität der Kirche ihrer spirituellen Dimension entspricht.

Allzu oft denkt man beim Wort «Kirche» an die Amtsträger der Institution, an die Hierarchie, an die kirchlichen Würdenträger und nicht an das Volk der Gläubigen, das sich versammelt. Das hat geschichtliche Gründe: Im Lauf der Zeit spaltete sich das Volk in Kleriker und Laien. Die Kleriker hatten die Befugnis zu lehren, das Volk zu führen und die Sakramente zu spenden, während die anderen nur eine passive, unterwürfige Rolle spielten.

Jesus hat die Kirche nicht mit der uns bekannten Organisation gegründet. Er hat das Gottesreich angekündigt. Sein Tod hatte symbolisch den Vorhang zerrissen, der das Sakrale vom Profanen trennte, das Reine vom Unreinen. Aber die Geschichte brauchte nicht viel mehr als vier Jahrhunderte, um ihn wieder zusammenzunähen, das heißt, um wieder einen Stand der Kleriker mit sakralem Charakter zu schaffen und wieder Opferriten einzuführen.

Heutige Strömungen nähern sich der ersten Zeit der Kirche an, als die noch keine Religion war. Die Kirche ist nicht mehr die Mehrheit, aber sie ist vielfältiger geworden. Sie wird aufgefordert, bescheidener zu sein. Was sie an Quantität verliert, macht sie an Qualität wieder wett. Die soziologische Zugehörigkeit zur Kirche weicht der Echtheit des Engagements und der Tiefe des Glaubens.

Die schwindende Zahl der Priester ist eine providentielle Gelegenheit, die überragende Rolle der kirchlichen Amtsträger zu überdenken. Die Bedürfnisse der Gemeinschaften erfordern neue Lösungen; Laien – Männer und Frauen – erheben sich und stellen sich in den Dienst der Kirche, so daß der ursprüngliche Sinn wiederhergestellt wird: Das lateinische *ministerium* bedeutet nicht nur «Amt», sondern in erster Linie «Dienst». Dank ihnen verändert sich das Gesicht der Kirche, die Nähe ist größer geworden, das dominierende und moralisierende Element kleiner. Leider sind viele enttäuscht über psychologische und strukturelle Hemmnisse, die es nicht zulassen, daß dem Volk der Glaubenden die Bedeutung wiedergegeben wird, die ihm zukommt.

Die Zweiteilung der Kirche in zwei Kasten entspricht nicht mehr unserem demokratischen Denken, und vor allem entspricht sie nicht dem Evangelium. «Nennt niemanden 'Herr', denn ihr habt nur einen Herrn» (Mt 23,8). Und wir wissen, daß sich die Autorität dieses Herrn im Dienst und in der Selbsthingabe gezeigt hat, als er seinen Freunden die Füße wusch und sich am Kreuz martern ließ.

Es liegt also am ganzen christlichen Volk, die Organisation der Kirche umzugestalten: Sie soll teilen lernen und mehr Verantwortung übernehmen, Entscheide sollen kollegial sein, Gleichheit und Partnerschaft sollen großgeschrieben werden, damit sie ihren Auftrag besser erfüllen kann. Dann erst wird sie zeigen, daß sie wirklich die Kirche Christi ist, und sie wird in den Augen unserer Zeitgenossen glaubwürdig werden.

Pfingsten: der Hauch des Geistes

Fünfzig Tage nach Ostern wird am Pfingstfest die Sendung des Heiligen Geistes gefeiert, den Gott der Kirche schenkte.

Das Versprechen, das Jesus seinen Jüngern gemacht hat, geht in Erfüllung: «Ihr werdet eine Kraft empfangen, die Kraft des Heiligen Geistes, der über euch kommen wird, und ihr werdet meine Zeugen sein in Jerusalem, in ganz Judäa und Samaria und bis an die Grenzen der Erde» (Apg 1,8).

Am Pfingsttag waren die Jünger in Jerusalem versammelt. Seit den Osterereignissen waren sie von Furcht erfüllt. Sie blieben unter sich, von der Umwelt abgeschnitten.

Aber da kommt der Geist, die Gabe Gottes, auf sie herab. Von Angst befreit, können sie ihr Versteck verlassen; dank der Kraft, die sie erhalten haben, können sie reden. Die kleine Gemeinschaft der Apostel wagt es, der großen Menschenmenge, die zum Fest nach Jerusalem gekommen ist, gegenüberzutreten. Die Gruppe der Jünger tritt der großen, aus den verschiedensten Völkern zusammengesetzten menschlichen Familie entgegen.

Dank dem Heiligen Geist entsteht Kommunikation, wird die Botschaft empfangen, kann Zeugnis abgelegt werden. Zwei Gemeinschaften sind sich begegnet. In der Menge fühlt sich jeder angesprochen. Pfingsten ist gelungene Kommunikation – trotz aller Verschiedenheit, über alle Schranken der Sprachen, der Kulturen, der Religionen hinweg.

Die pfingstliche Kirche ist eine Kirche, die es wagt, zu reden und zu handeln. Sie tut, was sie sagt. Diese Sprache wird von allen verstanden, wenn sie auch auf Widerstand stößt.

Die pfingstliche Kirche ist eine Kirche, die unaufhörlich den Heiligen Geist empfängt, um – über alle Grenzen hinweg – den Völkern der Welt entgegenzugehen. Nicht um sich aufzudrängen, sondern um respektvoll Zeugnis zu geben.

Der Geist, der uns belebt

Der Geist von Pfingsten ist: Hauch des Lebens, reißender Strom, Sturmwind, sprudelndes Quellwasser, verzehrendes Feuer. Wo er hinkommt, gerät alles in Bewegung, es keimt etwas auf, Neues wird geboren. Es ist ein schöpferischer Geist.

Er redet nicht, er handelt. Nicht nur in uns, sondern im Leben der Welt. Er ist unfaßbar, unsichtbar. «Du hörst seine Stimme und weißt nicht, woher er kommt noch wohin er geht» (Joh 3,8).

Der lebenspendende Geist wird durch keine Grenze eingeengt, kein Land ist für ihn verbotenes Gebiet. Er kommt uns überall zuvor und überrascht uns stets. Kann man sein Wehen feststellen, seine Wirkung spüren? Mit unseren Sinnen sicher nicht. Aber im Glauben lassen sich Zeichen seiner Gegenwart ausmachen.

Er entflammt die Herzen und trägt das Evangelium in die Geschichte hinein. Er sucht die Tiefen der Seele heim und erfüllt das All. Er wirkt in jedem von uns, aber auch mitten in der Welt, in der Art eines Ferments, um dem Frieden und der Gerechtigkeit zum Durchbruch zu verhelfen.

Sein Kommen verhilft uns zu einer Wiedergeburt, damit wir mit allen solidarisch sind, besonders mit denen, die von der Gesellschaft im Stich gelassen werden. Er verleiht den Eifer der Liebe, den Mut zur Wahrheit.

Warum sollten wir uns diesem Geschenk Gottes verschließen? «Die Liebe wurde in unseren Herzen ausgegossen durch den Heiligen Geist» (Röm 5,5). «Da wo der Geist des Herrn ist, da ist die

Freiheit» (2 Kor 3,17). «Dies sind die Früchte des Geistes: Liebe, Freude, Friede, Weitblick, Großzügigkeit, Güte, Glaube, Milde, Selbstbeherrschung» (Gal 5,22).

Den Geist kann man nicht kaufen, nur vertrauensvoll annehmen. Er war machtvoll gegenwärtig in Jesus, der ihn uns weitergibt.

Wenn Christen sich in Freundschaft und Gebet zusammenfinden, bereiten sie sich darauf vor, den Geist zu empfangen, der Leben schenkt.

Die Sakramente, Zeichen des Bundes

Wenn Jesus den Armen die Gute Nachricht verkündet, die Leprakranken heilt, dem Blinden die Augen öffnet, die Fußwaschung vornimmt, sagt er damit etwas über Gott aus, über seinen Bund mit den Menschen. Er bezeugt Gottes Gegenwart im Alltagsleben der Menschen.

Durch seine Worte und Taten enthüllt er das Antlitz Gottes. Seine Menschlichkeit deutet auf etwas hin – sie offenbart uns Gott. «Wer mich gesehen hat, hat den Vater gesehen», sagt Jesus.

Damit deckt sich die Erinnerung des Apostels Johannes:

«...Was wir gehört haben,
was wir mit eigenen Augen gesehen haben,
was wir angeschaut haben
und betastet haben mit unseren Händen,
nämlich das Wort, das Leben bringt...
das verkünden wir euch» (1 Joh 1,1.3).

Jesus ist das Sakrament Gottes. Das Sakrament macht sichtbar, was man nicht sieht. Es ist ein Zeichen. Von dem ausgehend, was man sieht, kann man im Glauben sehen, was man nicht sieht. Von einer sichtbaren Realität geht man zu einer unsichtbaren Wirklichkeit über. Jenseits der Zeichen hat man Zugang zu einer anderen, tieferen Welt, die als das Geheimnis bezeichnet wird.

Heute ist die Kirche, sind die Kirchen, durch das, was sie sagen oder nicht sagen, tun oder nicht tun, verantwortlich für das Gesicht, das sie der Welt zeigen. Die Kirche vermittelt ein Bild von sich selbst. Und sie deutet auf etwas hin – sie ist das Sakrament Christi für die Welt.

Wenn die Kirche die Sakramente spendet, enthüllt sie ihr Gesicht, indem sie ausdrückt, was sie ist. Die verschiedenen Sakramente formen ihr Gesicht. Es sind Bausteine der entstehenden Kirche. Wenn sie tauft, traut, Priester weiht, Eucharistie feiert, sagt sie etwas über das Geheimnis, das sie in sich trägt, und über die Gute Nachricht, die sie den Männern und Frauen unserer Zeit verkünden kommt.

Das christliche Leben hat eine sakramentale Dimension. Durch ihre Art, zu leben und sich zu engagieren, machen die Christen die Kirche sichtbar. Durch ihre Präsenz in der Welt können sie zum Zeichen werden und auf Christus hinweisen. Die verschiedenen Sakramente betreffen wichtige Facetten unserer heutigen menschlichen Existenz, so die Geburt, die Liebe, das Verzeihen, die Geschwisterlichkeit, die Prüfung durch die Krankheit… Sie sind sinnstiftende Quellen des Lebens und werfen ein neues Licht auf die Existenz – nicht nur im Augenblick der Sakramentenspendung, sondern ein ganzes Leben lang.

So versteht man besser, daß die Sakramente weniger etwas in Ordnung bringen, als vielmehr etwas in Gang setzen wollen. Es geht weniger um Feierlichkeiten als um menschliche Wahrhaftigkeit. Sie enthüllen den verborgenen Glanz unserer Existenz und offenbaren den tiefen Sinn dessen, was im Alltag gelebt wird.

Die Etappen der christlichen Initiation

Wie in allen Religionen gibt es auch bei uns Etappen, die man zurücklegen muß, und Vorbereitungen, die zu treffen sind, bevor man Mitglied der christlichen Gemeinde werden kann. Es braucht eine Einführung, die Schritt für Schritt erfolgt, will man in eine Welt eintreten, die einem nicht vertraut ist. Das ist die Rolle der Taufe, der Firmung, der Eucharistie, die die Sakramente der christlichen Initiation sind.

Wir haben Kinder oder Enkel, wir kennen Erwachsene, von denen die einen getauft sind und die andern nicht. Wir glauben, daß Gott seine Liebe über allen ausschüttet, ohne einen Unterschied zu machen. Gott beschränkt seine Gaben nicht auf die sakramentalen Akte, die die Kirche vollstrecken kann. Aber wenn die Kirche tauft, dann tut sie es, um den von Gott beabsichtigten Bund mit den Menschen kundzutun und anzuerkennen.

Getauft werden bedeutet: so wie Jesus geboren werden für die Welt, für die anderen und für sich selbst. Es ist eine neue Art, sein Leben zu leben. Jesus lebt in uns weiter – auf eine neue Geburt hin.

Die Taufe bringt zum Ausdruck, daß der Heilige Geist in uns wohnt und daß er aus uns Christen macht, Jesusjünger. Es ist der Eintritt in die Kirche.

Jesu Ostern wird zu unserem Ostern. Nach und nach verstehen wir, daß wir durch unsere Taufe in den Dienst der ganzen Menschheit treten. Ein ganzes Leben ist nicht zuviel, um all das in die Tat umzusetzen, was man an einem Tag erhalten hat.

Die Firmung ist die Fortsetzung der Taufe. Der Heilige Geist setzt in den Getauften das in Gang, was er am Pfingsttag bei den Aposteln bewirkte. Er erfüllt die Getauften mit einer Kraft, dank derer sie in allen Lebenssituationen für Jesus Zeugnis ablegen können. Die Firmung ist Pfingsten fürs Leben.

Die Taufe und die Firmung führen zur Eucharistie.

Die Initiationssakramente sind miteinander verknüpft, auch wenn sie nicht zugleich empfangen werden. Üblicherweise werden sie um die Osterzeit gespendet, und die Erwachsenen erhalten sie in ein und derselben Feier. Ihre Vorbereitung geschieht in der Gemeinschaft, und ihre Spendung begleitet den Eintritt in die Kirche, damit man dort seine Verantwortung wahrnehmen kann.

So wird die Kirche um all die Personen reicher, die von anderswo herkommen und die von den Kulturen unserer Epoche geprägt sind. Dank ihnen wird die Kirche, die sie aufnimmt, erneuert.

Das eucharistische Zeichen

Jesus versammelt am Gründonnerstagabend die Seinen, um mit ihnen gemäß der Tradition seines Volkes das Passahmahl zu feiern. «Ich habe mich sehr danach gesehnt, dieses Passahmahl mit euch zu feiern…» (Lk 22,15), sagt er seinen Jüngern. Dieses gemeinsame Mahl zum Gedenken an den Auszug aus Ägypten ist ein Lobpreis Gottes, der aus jeder Sklaverei befreit und den Weg freimacht, der zum Gelobten Land führt.

Wir tun gut daran, uns die Bedeutung dieses jüdischen Osterfestes in Erinnerung zu rufen, wenn wir versuchen, den Stellenwert der Eucharistie in unserem christlichen Leben besser zu verstehen. Denn um dieser letzten Mahlzeit zu gedenken, die Jesus mit den Seinen kurz vor seinem Leiden einnahm, «verharrten» die ersten christlichen Gemeinschaften «im Brechen des Brotes», hielten sie in ihren Häusern das Mahl des Herrn, wie in der Apostelgeschichte berichtet wird (2, 42–46).

Die Feier der Eucharistie geschieht also nicht individuell, sondern in einer Gemeinschaft, die, um Jesus herum versammelt, zusammenwächst und immer tiefer wird im Glauben an seine geheimnisvolle, seinen Tod überdauernde Gegenwart. Es ist eine Danksagung – das ist die Bedeutung des griechischen Wortes *eucharistía* –, der Ausdruck der Dankbarkeit gegenüber Gott, der uns heute befreit, wie er damals das Volk der Hebräer befreit hatte. Im Neugriechischen lebt das Wort in der Bedeutung von «danke» fort (*eucharistó*). Die ganze Menschheit ist dieses Volk, das auf dem Weg ist, das sich oft nur tastend vorwärtsbewegt und nicht ohne Widerstreben und Entmutigungen immer wieder um die Befreiung kämpft, zu der es berufen ist. Und für die Gläubigen geschieht dies im Angesicht eines wohlwollenden und liebenden Gottes.

Ich bin ganz mit euch, ich bin mit euch eins und werde es auch nach der Trennung durch den Tod bleiben – ist nicht *das* der Sinn des bedeutungsschweren Wortes, das Jesus den Seinen sagte und uns heute sagt: «Das ist mein Leib»? Und wenn er anfügt, indem er den Kelch mit Wein nimmt: «Das ist mein Blut»? Er sagt uns damit, daß in uns allen das gleiche Blut fließt, daß wir alle vom gleichen Lebenshauch beseelt sind, der von Gott selbst stammt, an dessen Leben wir Anteil haben, wie schwach und schäbig wir auch sein mögen. Ein Leben, das auch Leiden und Tod beinhaltet, das aber durch den Bund mit Gott auch Ewigkeit verspricht.

Während Matthäus, Markus und Lukas und auch Paulus in seinem ersten Brief an die Korinther (1 Kor 11,23–26) in ähnlichen Worten über dieses Passahmahl berichten, ist es beim Evangelisten Johannes zu unserem Erstaunen anders. Aber er sagt uns: «Als das Passahfest bevorstand und Jesus wußte, daß für ihn die Stunde gekommen war […], stand er vom Tisch auf […], band sich ein Tuch um […] und fing an, seinen Jüngern die Füße zu waschen» (Joh 13,1–5). Die Liebe zum Mitmenschen, der demütige Dienst an unsern Brüdern und Schwestern, ist genauso eucharistisch wie das Zeichen von Brot und Wein. Die Geste der Fußwaschung drückt das aus, was Jesus für seine Zeitgenossen war: Er linderte die Not, heilte die Kranken und verhalf allen zu einem aufrechten Gang.

Und wenn Jesus, wie Lukas berichtet, anfügt: «Tut das zu meinem Gedächtnis», empfiehlt er uns da, die liturgische Geste zu wiederholen oder im Alltag hilfsbereit und solidarisch zu sein, weil nur so eine Welt entstehen kann, in der Gerechtigkeit und Liebe herrschen, eine Welt nach Gottes Maß? Was für einen Sinn hätte übrigens eine liturgische Handlung, wenn sie auf das Alltagsleben keinen Einfluß hätte?

So ist die Feier der Eucharistie ein in der Gemeinschaft gemachter Schritt hin zum Glauben an Gott, der gegenwärtig ist, hier auf unserem irdischen Weg, der zum versprochenen Land führt, zum Reich Gottes, das bereits unter uns seinen Anfang genommen hat.

Und der Platz der Frauen?

Im Verhältnis zwischen den Frauen und der Kirche läßt sich, wenn nicht ein Streit, so doch eine Ambivalenz feststellen. Einerseits unterstützt die Kirche die Frauen, anderseits blockiert sie sie.

Für die menschliche Würde der Frauen ist die Kirche eine Hilfe. «Die weibliche Menschheit», um einen schönen Ausdruck von Johannes Paul II. zu gebrauchen, soll mit der männlichen Menschheit im wesentlichen gleichberechtigt sein. Jedesmal wenn die Rechte der Frau angetastet werden, protestiert die Kirche. Sie brandmarkt die Diskriminierungen aufgrund des Geschlechts (aber auch aufgrund der Rasse oder der Hautfarbe) als Mißachtung des göttlichen Planes. In der Geschichte war sie es, die Kirche, die die Gültigkeit der Ehe vom Einverständnis der Eheleute, also der Frauen, abhängig machte, so daß diese nicht mehr einfach dem Gutdünken der Männer ausgeliefert waren. An der Frauen-Konferenz von Peking ging die Kirche noch weiter und drückte ihr Bedauern aus über die Erniedrigung und Versklavung der Frauen, für die sie mitverantwortlich sei, und bestätigte, daß gegen die Frauen noch immer Gewalt angewendet werde. Sie erklärt, daß Mann und Frau mit gleicher Verantwortung an der Geschichte bauen sollten (Brief Johannes Paul II. an die Frauen, Juni 1995).

Gleichzeitig blockiert die Kirche die Frauen, indem sie von ihnen ein traditionelles Bild und einen altherkömmlichen Status weitervermittelt. Das von der Kirche geförderte, ja sakralisierte Bild der Frau ist das der hingebungsvollen Mutter, die sich so gut aufopfern kann. Als Mutter erlangt sie erst die weibliche Vollkommenheit. Sogar die Figur der Jungfrau entgeht nicht der – geistlichen – Mutterschaft. Die Identität der Frau wird durch ihre Sexualität bestimmt, die Weiblichkeit wird immer noch mit Geschlechtlichkeit gleichgesetzt. Nur durch die Mutterschaft (und durch die geweihte Jungfräulichkeit) kann diese beunruhigende Sexualität sublimiert werden. Das Frau-Sein beschränkt sich aber – besonders heute – nicht bloß auf die Mutterschaft. Viele andere Tätigkeitsfelder stehen den Frauen offen, vor allem in der Berufsarbeit; und durch die Kontrolle ihrer Fruchtbarkeit und die größere Lebenserwartung können sie viele Aufgaben wahrnehmen und sich durch sie verwirklichen.

Innerhalb ihrer Strukturen bietet die Kirche den Frauen nicht die gleichen Möglichkeiten wie den Männern. Da sie nicht zu Priesterinnen geweiht werden können – die Kirche verbindet das Priestertum mit einer einzigartigen, dem männlichen Geschlecht vorbehaltenen Berufung –, bleiben die Frauen aus den Entscheidungsgremien ausgeschlossen; hier haben nur die Männer, die die Priesterweihe empfangen haben, das Sagen.

Daraus folgt ein Zweifaches. Erstens bleiben die Frauen in untergeordneten Positionen, trotz der Verantwortung, die sie übernehmen, und obwohl vor allem sie es sind, die im Dienst der Kirche stehen. Anderseits straft die Kirche durch diese Diskriminierung ihre wohlklingenden Prinzipien Lügen.

Wie lange wird sie diese zwiespältige Haltung den Frauen gegenüber noch aufrechterhalten können?

Neue kirchliche Ämter schaffen

Der lateinische Begriff *ministerium* bedeutet Dienst, ob er nun im politischen oder im religiösen Sinn gebraucht wird. Leider denkt man aber in beiden Fällen eher an die mit diesen Funktionen verbundene Macht als an einen Dienst. Das hängt mit der Art und Weise zusammen, in der die Minister ihr Amt ausüben: Im ersten Fall geht es ihnen um die Macht in bezug auf die Staatsführung, die Macht über die Bürger, im zweiten Fall ist es die Macht über das Gewissen der Menschen.

Eine solche Einstellung erleichtert die Beziehungen zwischen dem Staat und den Bürgern nicht, ebensowenig wie das Verhältnis zwischen der kirchlichen Hierarchie und den Christen. Besonders gravierend ist dies im zweiten Fall, da die Kirche im Gegensatz zum Staat nicht den mäßigenden Kräften der Demokratie unterworfen ist (die Macht des Priesters wird als göttlichen Ursprungs angesehen) und weil sie sich überdies der Botschaft des Evangeliums gegenüber, die sie weitergeben sollte, als untreu erweist. Denn hier begegnet uns Jesus, der Meister, als Diener. Er beugt den Rücken vor seinen Jüngern, während er ihnen die Füße wäscht, und blickt zu ihnen auf, vertauscht so die Rollen. Sein Tod am Kreuz ist der Gipfel seiner Erniedrigung. Und er ermahnt seine Jünger, auf diese Art auch miteinander umzugehen.

Die Macht ist eine Frage der Beziehung; die kirchlichen Amtsinhaber konnten Macht ausüben, weil die Christinnen und Christen dies von ihren Hirten erwarteten. Früher war das die normale

Beziehung zwischen Klerikern und Laien, es war ein ungleiches Verhältnis zwischen Lehrern und Belehrten, Herrschenden und Untergebenen, Zelebranten und Teilnehmern.

Heute erleben wir das Erwachsen-Werden von christlichen Gemeinschaften, die aus Frauen und Männern bestehen, die sowohl im profanen als auch im religiösen Bereich eine Ausbildung genossen haben. Sie wünschen eine Mitverantwortung, sowohl was die Wahl der Seelsorger anbelangt als auch was die Leitung der Gemeinde und den Unterricht betrifft. Sie brauchen eher Betreuer, Integrationsfiguren, Kommunikationsexperten mit menschlichen und spirituellen Fähigkeiten als geweihte, von der Welt abgeschottete Autoritätspersonen. Wir stellen bereits eine Diversifikation fest: Neben den Bischöfen und Priestern gibt es nun schon verheiratete Diakone und vor allem eine Fülle von Laienämtern für die Katechese, die Bestattungsfeiern oder die Gestaltung der Liturgie.

Diese neuen Ämter sollten eigentlich die heutigen Vorschriften, die den Zugang zum Priestertum regeln, lockern, denn diese sind dem kulturellen Wandel in unseren Gesellschaften nicht mehr angepaßt. Man könnte auf diese Art Ämter ins Auge fassen, die flexibler wären, Teilzeitdienste, provisorische Tätigkeiten, Spezialisierungen und allgemeine Dienste, Ämter, die auch eine Neuorientierung zulassen. So wäre die Versteifung auf die Macht nicht so ausgeprägt wie beim Priesteramt auf Lebenszeit. Die Möglichkeiten, die allen geboten würden, unabhängig von Stand, Alter oder Geschlecht, würden die kirchlichen Dienste vervielfältigen und bereichern und die Zölibatsverpflichtung relativieren.

Der sakrale Status würde zugunsten einer größeren Nähe aufgehoben. Diese neuen Formen, die notgedrungen entstehen, stehen natürlich weitgehend im Widerspruch zur Gesetzgebung der heutigen Institution; diese reagiert, indem sie derartigen Bestrebungen Grenzen setzt. Aber kann der Buchstabe des Gesetzes gegen die Bedürfnisse des Lebens und die Wahrheitssuche eingesetzt werden?

Wozu eine Priesterweihe?

Als die von Jesus ausgelöste Bewegung sich verbreitete und entwikkelte und als die christlichen Gemeinschaften immer zahlreicher wurden, wurde es nötig, diese Urkirche zu strukturieren und verschiedene Ämter und Dienste zu schaffen. Zu Beginn gab die Begabung und die Kompetenz des Einzelnen den Ausschlag. Mit der Zeit übernahm aber die Organisation die Strukturen der römischen Administration. Die Gemeinschaft spaltete sich in Kleriker und Laien, und es entstand eine hierarchische Abstufung zwischen ihnen. Die leitenden Funktionen waren der ersten Gruppe vorbehalten, letztere war ihnen untergeordnet und spielte nur noch eine passive Rolle.

Heute wird dieses Amtsverständnis in Frage gestellt, und diese Krise drückt sich unter anderem im Priestermangel aus. Eine Gesellschaft, in der sich demokratische Strukturen herausgebildet haben, gibt sich mit einer Zweiklassenkirche nicht mehr zufrieden. Nun können die Bedürfnisse der christlichen Gemeinschaften nicht mehr gedeckt werden. Der Heilige Geist bleibt aber nie untätig, und so stellen sich Laien, Männer und Frauen, in den Dienst ihrer Mitmenschen. Die Diözesen kümmern sich um ihre Ausbildung, und die Bischöfe anerkennen von Fall zu Fall ihren Auftrag. Leute, die die Evolution der Kirche nur von ferne mitverfolgt haben, sind, wenn sie kirchliche Dienste beanspruchen, im ersten Moment erstaunt über diesen Wechsel, aber mit der Zeit schätzen sie die Aufmerksamkeit der neuen Amtsträger, das Gefühl der Nähe, das sie vermitteln. Es sind Frauen und auch verheiratete Männer, die bestimmte Aufgaben für eine begrenzte Zeit übernehmen oder mit Unterbrüchen, ohne daß ihnen dadurch eine andere Aktivität auf sozialer, beruflicher oder familiärer Ebene verwehrt bliebe.

Dieser Sachverhalt stellt das Sakrament der Priesterweihe ernsthaft in Frage. Soll es weiterhin so bleiben, daß junge Männer durch die Weihe einen Status, eine Identität erhalten, die über derjenigen der Mehrheit der Christen und Christinnen steht? Ist es nicht an der Zeit, die ursprünglichen Intuitionen der Anfänge der Kirche wiederzufinden, die Freiheit der individuellen Initiative?

Soll man also das Sakrament der Priesterweihe deswegen aufgeben? Die Weihe zum Priester bedeutet, daß jemand offiziell in den Dienst einer Gemeinschaft tritt und deren Wachstum begleitet. Der Verzicht auf die Hierarchie muß nicht Anarchie zur Folge haben. Jede menschliche Gemeinschaft braucht Betreuer, verantwortliche Leiter. Das Wachsen einer Gemeinschaft ist unter anderem mit der Spendung der Sakramente verbunden, Zeichen der Gegenwart und Zuvorkommenheit Gottes uns gegenüber. Es ist normal, daß die Männer und Frauen, die diese Zeichen verwalten, voll und ganz von der Kirche akzeptiert werden. Es ist wünschenswert, daß das Weihesakrament weiterhin gespendet wird, damit die in der christlichen Gemeinschaft geleisteten Dienste von der Kirche anerkannt werden: die Verkündigung des Evangeliums, das gemeinsam gefeierte Mahl des Herrn, die Feier der Sakramente, die Verbindung mit anderen Gemeinschaften und mit der gesamten Kirche.

Die Weihe von Personen, die sich für eine begrenzte Zeit engagieren, ohne daß dabei ihr Stand oder ihr Geschlecht eine Rolle spielt, würde der Kirche menschlichere Züge verleihen und sie demokratischer machen. Die Weihe bliebe so das Sakrament des Dienstes und der Dienst am Sakrament.

Ein Jubeljahr, um allen wieder eine Chance zu geben

Nach jüdischer Tradition wurden alle fünfzig Jahre ein Schuldenerlaß und die Befreiung der Sklaven verkündet. Der Ausbeutung der Armen und der Unterdrückung der Fremden wurde ein Ende gesetzt. Soziale Gerechtigkeit war angesagt, und jedem mußten seine angestammten Rechte wieder zurückgegeben werden. Die Gesellschaft versuchte, wieder ganz von vorne anzufangen, einen neuen Start zu wagen – eine Utopie, die das Volk nötig hatte. Das Jubeljahr kündigte ein Jahr der Befreiung an. Die Menschen, die zu kurz gekommen waren, profitierten als erste davon. Ohne sie hätte das Jubeljahr keinen Sinn. Es wird nur dann zu einem Fest für alle, wenn es in erster Linie ein Fest für die Ausgeschlossenen ist. Der junge Prophet von Nazareth erneuert diese Tradition des Jubeljahrs von Grund auf. Er ist «gesandt, den Armen gute Nachricht zu bringen, den Gefangenen Befreiung zu verkünden und den Blinden das Augenlicht, die Mißhandelten zu befreien und zu entlassen und das Jahr auszurufen, in dem der Herr sich seinem Volk gnädig zuwendet» (Lk 4,18–19).

Welch ein Umsturz! Jesus läßt es nicht bei diesen Reden bewenden, sondern schreitet zur Tat. Er begnügt sich nicht damit, zu den Armen zu gehen, er wird selbst zu einem von ihnen und verliert dabei sein Leben. Das ganze Volk schöpft wieder Hoffnung, richtet sich auf. Eine neue Welt ist möglich geworden.

Die Kirche hat diese Tradition beibehalten; das letzte Jubeljahr fand 2000 statt. Was hat man aus diesem Jubeljahr gemacht? Ist es eine Gelegenheit, Zeichen der Befreiung zu setzen und Gesten der Versöhnung zu wagen? Wem nützt es? Welches ist der Beitrag der Kirchen angesichts der skandalösen Ungerechtigkeit in der Welt? Das Jubeljahr hat nicht nur eine spirituelle Komponente, es muß auch in Sachen soziale Gerechtigkeit Taten hervorbringen.

Großartige und zwangsläufig kostspielige Festlichkeiten und zahlreiche Pilgerreisen genügen nicht, um aus dem Jubeljahr eine gute Nachricht für die Ausgeschlossenen zu machen. Wenn die Kirchen nur auf sich selbst schauen und vor allem darauf achten, daß spektakuläre Zusammenkünfte stattfinden können, dann vereinnahmen sie das Jubeljahr und mißbrauchen es zu ihrem eigenen Nutzen. Jesu Wort «Wer sein Leben liebt, wird es verlieren» gilt auch für die Kirche.

Wenn das Jubeljahr unter lauter «wohlanständigen» Leuten gefeiert wird, was bleibt dann noch von der Subversion eines Jesus von Nazareth?

Das Aufkommen der Befreiungstheologien

Man denkt dabei gleich an Lateinamerika. Aber es gibt sie auch in Asien, wo der religiöse Pluralismus in den Vordergrund gerückt wird. Es gibt die Religionen Afrikas, wo die Inkulturation im Mittelpunkt steht. Die kulturelle Unterdrückung löste bei den Afrikanern die Suche nach der eigenen Identität aus. Die Frauen insgesamt wurden ihrer sozialen und kirchlichen Entfremdung gewahr. Mit den Hilfsmitteln der Theologie begannen sie die Analyse ihrer Erfahrungen als Personen, die wegen ihres Frau-Seins zum Schweigen verurteilt gewesen waren, ausgeschlossen, nicht ernst genommen, marginalisiert.

Aber die Befreiungstheologien keimten erstmals in Lateinamerika auf. Sie entstanden im Zusammenhang mit den gegen die Diktatur und die wirtschaftliche Unterdrückung gerichteten Befreiungsbewegungen.

Ihre Geburtsstunde schlug 1968 in Medellín (Kolumbien) anläßlich der Konferenz der lateinamerikanischen Bischöfe (CELAM). Seither beruft man sich immer wieder auf Medellín. Der peruanische Theologe Gustavo Gutiérrez wird als ihr Begründer betrachtet.

Die fundamentale Charakteristik dieser Theologien ist ihr Ausgangspunkt: die Welt der Armen und Unterdrückten. Die Menschen werden als Akteure der Geschichte ernst genommen. Sie sollen nicht mehr reine Konsumenten von religiösen Gütern sein, sondern in der Kirche aktiv werden. Die Basisgemeinden entstehen. Die lebenswichtige Rolle des Wortes Gottes, die Leitung und Belebung der Gemeinschaften durch Laien, Männer und Frauen, neu ins Leben gerufene kirchliche Ämter, die liturgische Kreativität… all das läßt eine neue Art von Kirche-Sein entstehen.

Die Christologie der Befreiungstheologen beginnt «unten»: «Und das Wort ist Fleisch geworden», sagt der Evangelist Johannes. Sie stellen den jungen Propheten von Nazareth in den Mittelpunkt, den irdischen, historischen Jesus. Deshalb wird in bezug auf das Wirken von Jesus dem Reich Gottes, seinem Eintreten für die Kleinsten, den historischen Gründen seines Todes eine so große Bedeutung beigemessen.

Wenn sich die Unterdrückten ihrer Würde und ihrer Kraft zur Befreiung bewußt werden, wird es für die Mächtigen und die etablierte Ordnung gefährlich. Die Anhänger dieser theologischen Richtungen bekamen im Namen der Ideologie der nationalen Sicherheit bald die Repression zu spüren. Roms Warnungen ließen nicht auf sich warten. Aber solange Arme unterdrückt werden, wird es Befreiungstheologien geben.

Worum es beim interreligiösen Dialog geht

Unsere Welt wird immer pluralistischer. Bei der Arbeit, im Quartier, ja selbst an Hochzeitsfeiern und Familienfesten treffen wir Leute, die nicht die gleiche Religion haben wie wir. Die Religionen sind zunächst nicht etwas Abstraktes. Wir denken in diesem Zusammenhang immer an bestimmte Gesichter, an Frauen und Männer, die wir kennen.

Dank den Kommunikationsmitteln, die uns zur Verfügung stehen, waren wir einander auf diesem Planeten noch nie so nah. Die Entfernungen gibt es nicht mehr. Man spricht von einem «planetarischen Dorf», denn man kann einander nicht mehr ignorieren. So ist es auch mit den Religionen. Die verschiedenen Glaubensrichtungen sind überall vertreten, sie gehören zum Gesamtbild. Es gibt heute eine Welt-Ökumene. Die Anhänger der verschiedenen Religionen verspüren den Drang, miteinander in Dialog zu treten, sich kennenzulernen, ihre spirituellen Ressourcen und Traditionen zu teilen.

Diese Begegnungen stellen eine Chance dar, auch wenn sie manchmal anstrengend sind. Sie sind der Ausdruck dafür, daß uns die anderen etwas zu sagen haben. Indem wir den Vertretern so vieler verschiedener Religionen begegnen, machen wir die Erfahrung des Gegenübers: Heute kann niemand mehr behaupten, seine Religion sei die einzige. Das Wort «Religion» muß in der Mehrzahl verwendet werden. Was früher als allein gültig angesehen wurde, wird heute relativiert. Es bietet sich damit für uns die Gelegenheit, unser

Verhältnis zur Wahrheit neu zu überdenken. Wir befinden uns in einer komplexen Welt. Die Wahrheit verkünden wir nicht so, wie man einen Fahnen raushängen würde; gleichzeitig sind wir aber auch nicht der Meinung, daß es egal ist, was man glaubt.

Deshalb muß man sich die Frage stellen, was die eigene Religion im Grunde genommen ist und wie sie wahrgenommen wird. Laufen die Religionen nicht Gefahr, unter dem Einfluß fundamentalistischer Strömungen zu Faktoren der Unversöhnlichkeit und der Gewalt zu werden? Wie viele «heilige Kriege» wurden im Namen der Religion geführt, für Kämpfe, die mit der evangelischen Botschaft nichts zu tun haben! Wie viele starre moralische Stellungnahmen, die dem Menschen ein völlig entstelltes Bild der göttlichen Gerechtigkeit und des göttlichen Wohlwollens eintrichtern! Statt zu Gott hingeführt zu werden, werden so viele Menschen guten Willens abgeschreckt.

In den Jahren 1986 und 2001 trafen sich die Religionen in Assisi auf partnerschaftlicher Ebene. Es gab keine Vermischung. Jeder behielt seine Eigenart bei, betete auf seine Weise. In Assisi war keine Weltreligion auszumachen, auch nicht das Zeichen einer Einheit über alle Religionen hinweg, aber es war wie die prophetische Vorwegnahme einer kommenden Einheit, die durch die Verschiedenheit der Religionen bereichert wird.

Ohne Widerstreben und ohne Widerstand geht das nicht.

Fundamentalistische Strömungen gibt es in allen Religionen. Diese Blockierungen und diese Intoleranz sind zum Teil durch den Mangel an Bildung und durch die Angst vor Veränderungen erklärbar. Der interreligiöse Dialog ist nicht selbstverständlich. Es kann leicht geschehen, daß er in eine Sackgasse gerät. Aber oft führt er zu einer gewissen Dynamik, zum Wandel und zur Vertiefung des eigenen Glaubens. Wer den Dialog akzeptiert, ist gezwungen, sich zu bewegen. Es ist eine andere Art zu denken, zu sehen und zu verstehen.

Der Gott der Christen, der, den Jesus «Vater» nennt, ruft dazu auf, die Werte anzuerkennen, die jeden Menschen beseelen, welches auch seine Religion sein möge.

Die Ökumene, Aufgabe aller Christen

Die Ökumene ist die Suche nach der Einheit unter den Christen. Der Ursprung dieser Bewegung ist die Tatsache, daß man sich bewußt geworden ist, was für ein Skandal es ist, daß sich die Kirchen voneinander entfernt haben, obwohl sie sich alle auf denselben Herrn berufen. Statt weiterhin über die andern den Stab zu brechen, wurden Institutionen gegründet wie der Oekumenische Rat der Kirchen oder die Gebetswoche für die Einheit der Christen, und Expertengruppen arbeiten daran, doktrinale Unterschiede abzubauen. Es waren einige Resultate zu verzeichnen, so die ökumenische Übersetzung der Bibel oder das gemeinsame Vaterunser. Jedoch geht der Prozeß nur sehr langsam voran, er stößt auf Schwierigkeiten, und es gibt sogar rückläufige Bewegungen. Die ersten Annäherungen liegen allerdings kaum hundert Jahre zurück; mehrere Jahrhunderte der Trennung können nicht einfach ausgelöscht werden. Die Christen an der Basis sind mit den historischen und doktrinalen Gründen der Trennung zuwenig vertraut; sie sehen keine großen Unterschiede zwischen den Kirchen und leben die Ökumene im praktischen Alltag.

Diese Langsamkeit und die Rückschläge haben auch etwas mit der Art und Weise zu tun, wie die Wahrheit aufgefaßt wird. Jede Kirche ist überzeugt, daß sie die Wahrheit besitzt und daß sie legitime Gründe hat, so zu denken, wie sie es tut, und zu handeln, wie sie es für gut hält. Es ist schwierig, etwas in Frage zu stellen, wenn diese Legitimation, wie gesagt wird, von Gott selbst kommt, auf seiner Offenbarung und auf seinem Willen beruht.

Im Laufe der Zeit hat man es aufgegeben, mit Bekehrungseifer die verschiedenen Kirchen in den Schoß der katholischen Kirche holen zu wollen. Mehr und mehr steht der Gedanke im Vordergrund, daß jede Kirche eine Wahrheit besitzt, die zur Vertiefung DER Wahrheit beiträgt. Man kommt einander kaum näher, wenn die Wahrheit als etwas immer schon Bestehendes aufgefaßt wird oder als ein Besitz. Besitzt man die Wahrheit, oder ist sie immer wieder anzustreben? Ist es nicht so, daß eine gemeinsame Wahrheit dann entstehen kann, wenn es Dialog und Kommunikation gibt, die eine Öffnung auf den andern hin voraussetzen? Wenn man sich auf einen Dialog oder sogar auf eine Debatte einläßt, dann geht man ja das Risiko ein, daß man nachher vielleicht die Meinung ändert. Aber diese Auffassung geht von einer gewissen Relativität der Wahrheit aus, die den Kirchen nicht paßt, da sie sicher sind, die volle, ganze und endgültige Wahrheit zu besitzen, und die eine Vorrangstellung gegenüber den andern fordern. Aber eine absolute Wahrheitsauffassung scheint gefährlicher zu sein als die Wahrheit, die bedingt wird durch eine bestimmte Epoche, Geschichte, Weltanschauung... Im Namen des Absoluten begibt man sich auf den Kreuzzug, da man nicht imstande ist, die Wahrheit des andern zu begreifen.

Die Wahrheit besteht für den Christen aber nicht aus dogmatischen Formeln, sie ist eine Person, nämlich Christus, der von Gott kommt. Und wer kann eine Person ganz erfassen, ihr Geheimnis ergründen, sie in den Griff bekommen, vor allem wenn es sich um Christus handelt? Sollten wir angesichts dieser Tatsache nicht demütig werden? Die Wahrheit ist ein Weg des Lebens, nicht ein Laden, in dem Wahrheiten verkauft werden, die es zu glauben gilt.

Wissend, daß weder unsere Gedanken noch unsere Worte ausreichen, um Gott zu begreifen, aber beseelt vom Wunsch und dem tiefen Bedürfnis, uns ihm zu nähern, können wir uns, über den Ökumenismus unter Christen hinaus, einem noch breiteren Dialog öffnen.

Die Begegnung mit Agnostikern und Atheisten

In unseren Ländern werden die Kulturen und Rassen zum Glück immer mehr vermischt. Als Christen kommen wir so auch mit der Welt der Agnostiker und Atheisten in Berührung. Man entdeckt einen großen Reichtum an Menschlichkeit bei Personen, die zwar von einer anderen Weltanschauung ausgehen, die aber im Grunde genommen denselben Werten und dem Solidaritätsgedanken verpflichtet sind.

Durch die Begegnung mit Personen, die sagen, sie wüßten nicht, ob es einen Gott gebe (Agnostiker), und mit denen, die die Existenz Gottes leugnen (Atheisten), beginnt man seinen Glauben zu hinterfragen. Es sind Fragen, die verwirrend und störend sein können, aber sie sind nicht nutzlos.

Es wird uns in erster Linie bewußt, daß wir längst nicht die einzigen sind, denen mitmenschliche Hilfe und Solidarität am Herzen liegen, und daß es möglich und sinnvoll ist, zusammen den großen Kampf für Gerechtigkeit und Frieden zu führen.

In diesen Begegnungen muß man seine eigene Verletzbarkeit akzeptieren. Wie kann ich sonst offen sein für den andern, der auf seine Art nach dem Sinn sucht? Seine Infragestellungen können für uns hart sein, aber ohne sie gibt es keinen wahren Dialog.

Diese Kontakte und diese Zusammenarbeit bewirken oft, daß wir in unserem christlichen Glauben das Wesentliche, Lebensnotwendige von nebensächlicheren Aspekten unterscheiden lernen, die sich im Laufe von zwanzig Jahrhunderten Christentum angesammelt haben.

So kommt es zum Austausch von Gedanken, die es allen erlauben, den Christen wie auch den Agnostikern und Atheisten, durch das Zuhören, das in gegenseitiger Achtung erfolgt, die eigene Weltanschauung zu vertiefen. Die Wege sind in der Tat unterschiedlich, aber die Suche nach dem Wesentlichen ist dieselbe. Die Spaltungen von einst, in denen die gegenseitige Unkenntnis eine große Rolle spielte, verlieren ihren endgültigen Charakter, im Vertrauen kommt man sich näher. Wir haben so die Gelegenheit, auf beiden Seiten viele Mißverständnisse und viel Unverständnis abzubauen.

Im Kontakt mit fremden Weltanschauungen kann unser Glaube geläutert werden, und wir erfahren eine neue Freiheit, die es uns erlaubt, mit den großen Herausforderungen unserer Zeit besser umzugehen.

Für eine demokratische Kultur in der katholischen Kirche

Die Demokratie ist ein politisches System, in dem die Bürger aufgerufen sind, die Machthaber zu bestimmen und zu kontrollieren. Sie sind nicht mehr der Willkür ausgelieferte Objekte, sondern Menschen, die selber Verantwortung tragen. Mit anderen Worten: In einer Gemeinschaft lebende Personen nehmen ihre individuelle und kollektive Zukunft in die Hand und unterschreiben einen Gesellschaftsvertrag. Die Abstimmungen sind Ausdruck dieses Vertrags und das Instrument dieser Kontrolle.

Wie uns die Geschichte lehrt, hatte die Kirche in früherer Zeit der Freiheit und dem Verantwortungsbewußtsein des Volkes mißtraut. Es hat aber ein Gesinnungswandel stattgefunden, und heute ist sie der Meinung, daß es der Natur des Menschen entspricht, in Freiheit aktiv an der Verwaltung des Gemeinwesens teilzuhaben und die Regierenden zu bestimmen. Frankreichs Bischöfe bezeichneten in einer Verlautbarung die Demokratie als die «humanisierendste» Regierungsform.

Warum wendet dann aber die Kirche dieses Modell nicht bei ihrer internen Organisation an? Weil – so lautet die Antwort – die Kirche keine Demokratie ist. Sicher wird kein politisches Regime der Kirche als Gemeinschaft des Heils und der Gnade gerecht – Christus allein ist ihr Herr –, weder die Monarchie noch die Demokratie. Aber viele Elemente ihrer Strukturen hat sie dem monarchischen Modell entlehnt.

Die Kirche ist zwar keine eigentliche Demokratie, aber sie sollte in echt demokratischer Weise funktionieren. In der Tat sind es ihre Funktionsweise und ihre Strukturen, die ihre spirituelle Realität durchschimmern lassen. Nun gibt es eine tiefe Verwandtschaft zwischen den demokratischen und den evangelischen Tugenden. Die Prinzipien der Freiheit, der Gleichheit und der Brüderlichkeit widersprechen keineswegs dem Evangelium. Die Demokratie ist nicht eine Anarchie; ein demokratisches Volk ist nicht eine unförmige Masse, die einfach ihren Impulsen folgt. Ein demokratisches Volk bestimmt selber die Regeln seines Handelns. Das Recht und die Verfassungen basieren auf der ethischen Verpflichtung, aus der Gewalt oder der Kraft nicht die letzte Instanz im menschlichen Zusammenleben zu machen.

Für das Volk der Getauften ist die demokratische Forderung ein Gebot der Geschwisterlichkeit. Die christliche Gemeinschaft sieht sich als Volk von Brüdern und Schwestern, zusammengerufen vom gleichen Vater. Die Ursprünge der Kirche sind apostolisch, also kollegial, wodurch sie sich von jedem monarchischen Regime unterscheidet. Der Heilige Geist ist vorbehaltlos über der ganzen Gemeinschaft der Gläubigen ausgegossen, nicht nur über einigen Privilegierten, so daß allen, auf jeder Stufe, Verantwortung übertragen wird. Selbst die Gleichberechtigung, ein demokratisches Element, auf das in unseren modernen Gesellschaften nicht verzichtet werden kann, ist dem Evangelium nicht fremd, denn es sagt uns, in der Gefolgschaft Jesu hätten sich auch Frauen befunden. Sie spielten in der Urkirche eine wichtige Rolle, und sie empfangen die gleiche Taufe wie die Männer, mit den gleichen Rechten.

Man stellt sich allzu oft vor, in einer kirchlichen Demokratie würde Gott durch das Volk ersetzt. Aber auch in einer zivilen Demokratie ist niemand die Inkarnation der Macht; diese wird nur provisorisch und symbolisch den gewählten Personen übertragen. Niemand hat die Wahrheit gepachtet, man nähert sich ihr nur durch die Prozesse der Debatten und der Kommunikation. In einer kirchlichen Demokratie hat niemand das Recht, sich an die Stelle Dessen zu setzen, der jede Wahrheit begründet. Dieser Platz muß leer bleiben, will man dort nicht einen Götzen herrschen sehen.

Die Kirche kann nicht in der Vergangenheit eingesperrt bleiben, wo ihr die monarchischen Prinzipien für ein gutes Regieren geeigneter schienen. Sie ist aufgerufen, sich mit der Demokratie auseinanderzusetzen; davon wird ihre Glaubwürdigkeit abhängen.

Das Fest aller Heiligen

Allerheiligen weist auf die zahllose Menge der Männer und Frauen hin, die sich mit ihrer Arbeit, ihrem Talent, ihrem Mut, ihrem Glauben an Christus in den Dienst von uns allen gestellt haben. Dieses Fest ist wie ein Sternenhimmel, den man in einer schönen Sommernacht bewundert. Einige Sterne strahlen stärker als andere, aber alle senden immerzu ihr Licht auf die Erde.

Im Laufe der Jahrhunderte haben so viele für Frieden, Gerechtigkeit und für die Befreiung ihrer Mitmenschen gekämpft! Ihr Traum war die Gleichheit aller Menschen, und in dieser Hoffnung riskierten sie ihr Leben. Ob es sich nun um Gandhi oder um Martin Luther King handelt.

Immer wieder erhoben sich im Lauf der Geschichte Zeugen, denen eines gemeinsam war: die Leidenschaft für die Menschen und für Gott. Ihre grenzenlose Liebe galt vor allem denen, die am wenigsten hatten.

Da ist die ungeheure Schar der Namenlosen, die im Dienste anderer ein einfaches Leben führten, oft trotz vielen Prüfungen und Mißerfolgen. Darunter sind auch die Verstorbenen unserer Familien; sie gehören zur Gemeinschaft der Heiligen.

Aber die Menschheit besteht auch aus all denen, die nach uns kommen. Wir haben ihnen ein Erbe zu übergeben. Die an Allerheiligen verkündeten Seligpreisungen eröffnen einen Weg der Hoffnung und des Glücks. Es ist nötig, daß sie heute weitergetragen und gelebt werden. In dieser großen Schar begegnen wir Frauen und

Männern mit der inneren Haltung der «Armen», die nur noch von Gott etwas erwarten, die danach dürsten, daß sich die Gerechtigkeit durchsetzt, die Frieden stiften und barmherzig sind. Sie dürfen sich freuen!

Sie reißen uns mit, reichen uns die Fackel weiter.

Und jetzt?

Es war für uns drei eine interessante und erfüllende Erfahrung: Gemeinsam haben wir versucht, die Botschaft des Lebens, weitergegeben während 2000 Jahren von Menschen, die sich inspirieren ließen durch das Leben und die Gute Nachricht von Jesus von Nazareth, neu zu überdenken und dafür einen Ausdruck zu finden, der den Menschen von heute entspricht.

Ein unvollkommenes, unvollendetes Unterfangen, das aber dank Ihrer Stellungnahme und Kritik, dank Ihren Vorschlägen und Anregungen weitergeführt werden könnte. Diese Aufgabe stellt sich in einer stets im Wandel begriffenen Welt immer wieder neu, durch einen Austausch, der sich unter anderem über das Internet sehr weit ausdehnen kann.

Warum sollten Sie sich nicht in Ihrem Freundeskreis und in den Gemeinschaften und Gruppen, in denen Sie integriert sind, auf eine ähnliche Suche begeben?

Das ist der wahre Sinn der Tradition: Die überkommene Botschaft kann nur durch die Gedanken, das Suchen, das Wirken derer weiterleben, für die die Botschaft des Evangeliums unverwüstliche Aktualität behält.

Packen Sie's an, gemeinsam können wir das Angefangene vertiefen, das Skizzierte verfeinern.

Von Jacques Gaillot in diesem Verlag veröffentlichte Werke

Machtlos, aber frei

ISBN 3-905585-03-0 (2002)

Die Tagebuch-Notizen von Jacques Gaillot, Bischof ohne ein festumgrenztes Bistum, wollen provozieren: Denn für Gaillot ist der Aufbau einer gerechten Gesellschaft das oberste Gebot des christlichen Glaubens; nicht Dogmen zählten, nicht moralische Prinzipien, am wichtigsten sei es, «den vielen Milliarden verarmter Menschen» Lebenschancen zu geben. Partenia, in den Landkarten verschwunden, ist mit Jacques Gaillot zu neuem Leben erwacht. Viele fragen sich heute: Was macht er? Wie lebt er? Die sogenannten «Carnets de route» – Fahrtenbücher – sind als Antwort auf diese Fragen entstanden. Illustriert mit vielen Fotos, gelungene Schnappschüsse aus dem Alltag.

Sonnenaufgang in der Wüste
Ich wähle die Freiheit
ISBN 3-905585-00-6 (1997)

Im biographischen Hintergrund spricht Jacques Gaillot sehr persönlich von seiner Kindheit, Jugend, von der Ausbildung im Seminar, von den Einsätzen im Algerienkrieg, von seinen Aufgaben bis hin zu seiner Absetzung als Bischof von Evreux. Er spricht von der Einsamkeit und Fülle der Begegnungen eines Bischofs.

Knospe, du trägst die Kraft zur Blüte
Begegnung mit dem Evangelium
ISBN 3-905585-01-4 (1997)

Ein eindrucksvolles Zeugnis von Begegnungen mit dem unkonventionellen Bischof. Quer durch alle Ereignisse öffnet Jacques Gaillot eine Tür der Hoffnung, spricht von Liebe und nicht von Belehrung. Er ist ein Zuhörender, solidarisch mit den Fragen und Sorgen der Menschen.

Unterwegs in Partenia

ISBN 3-905585-02-2 (2000)

Diese CD-Rom präsentiert auf eindrucksvolle Art in Wort und Bild den neuen Weg der interaktiven Seelsorge von Jacques Gaillot im Internet. Partenia, Diözese ohne Grenzen, öffnet einen Raum der Freiheit, wo man sich begegnen und miteinander sprechen kann wie auf öffentlichen Plätzen.

Partenia im Internet – Diözese ohne Grenzen
www.partenia.org